예쁘고
맛있고
만들기쉬운
한식 디저트

예쁘고
맛있고
만들기쉬운
한식 디저트

초판 1쇄 발행 2022년 1월 12일
초판 3쇄 발행 2025년 1월 3일

지은이 찔레

발행인 장상진
발행처 (주)경향비피
등록번호 제2012-000228호
등록일자 2012년 7월 2일

주소 서울시 영등포구 양평동 2가 37-1번지 동아프라임밸리 507-508호
전화 1644-5613 | **팩스** 02) 304-5613

ⓒ백유나

ISBN 978-89-6952-491-1 13590

· 값은 표지에 있습니다.
· 파본은 구입하신 서점에서 바꿔드립니다.

예쁘고
맛있고
만들기쉬운
한식 디저트

찔레 지음

경향BP

프롤로그

오래전에 떡이 사라지고 있다는 기사를 본 적이 있습니다. 생일상이나 잔칫상에 빠지지 않고 올라갔던 떡의 자리를 케이크가 차지하게 되었다는 내용이었죠. 떡보다는 빵을 좋아했던 제게는 그다지 특별하게 와 닿지 않았어요.
그런데 그로부터 얼마 지나지 않아 운명처럼 앙금플라워 떡케이크를 알게 됐습니다. 케이크의 화려함 속에 단정하고 기품 있는 모습에 끌려 바로 클래스를 등록했지요. 떡을 배우면서 이전에는 알지 못했던 새로운 맛과 멋의 퓨전 떡에 매료되었어요.
이후 앙금플라워 떡케이크 공방을 열어 운영하면서 다양한 떡을 만들고 공부하게 되었어요. 이때의 노하우를 바탕으로 2019년에 유튜브 '찔레Jjilae' 채널을 열어 지금까지 퓨전 떡, 한과 등의 한식 디저트 레시피를 소개하고 있습니다.

한식 디저트는 메뉴나 재료가 생소한 것이 많습니다. 그래서 이 책에는 구하기 쉽고 익숙한 재료들을 사용하여 젊은 층도 좋아할 만한 맛과 모양의 레시피들을 소개했습니다. 또한 빵, 케이크, 쿠키 등의 쌀베이킹 메뉴를 추가하여 좀 더 친근하게 접근할 수 있도록 했습니다. 많은 사람이 홈베이킹을 하듯이 한식 디저트도 집에서 만들어 즐길 수 있는 간식으로 자리 잡았으면 하는 바람입니다.

이 책을 펴기까지 많은 도움을 주신 분들과 언제나 든든한 버팀목이 되어 주는 가족에게 감사한 마음을 전합니다. 찔레 채널을 지켜봐 주시고 응원해 주시는 분들께도 감사의 말씀을 전합니다.

찔레

Contents

프롤로그 · 5

떡

주로 사용하는 재료 · 11
떡 만들기의 기본 · 12
떡 만들기에 사용하는 도구 · 13
백설기 떡케이크 만들기 · 18

개성주악 · 20
로투스설기 · 23
옥수수설기 · 26
앙버떡 · 29
레밍턴설기 · 32
수박설기 · 35
아이스크림찹쌀떡 · 38
귤찹쌀떡 · 41
감송편 · 44
사과단자 · 47
떡드위치 · 50
사탕절편 · 53
꽃절편 · 56
바나나경단 · 58
단호박인절미 · 61

한과

모약과 · 67
매작과 · 70
유자쌀강정 · 73
오란다 · 76
연근부각 · 78
꽃부각 · 80
초콜릿양갱 · 83
호두강정 · 86
호두곶감말이 · 88
율란 · 90
호지차양갱 · 92
키위편 · 94
오미자편 · 96

정과

사과정과 · 100
오렌지정과 · 102
도라지정과 · 105
배오미자정과 · 108
파인애플정과 · 110
단호박정과 · 112
당근정과 · 114
생강정과 · 116

쌀빵 & 쌀케이크

찹쌀와플 · 120
감자빵 · 122
고구마빵 · 124
찰꿀빵 · 126
찜쌀카스텔라 · 128
제누아즈 · 131
바스크치즈케이크 · 134
당근케이크 · 136
단호박크럼블케이크 · 139
녹차쉬폰케이크 · 142
흑임자마들렌 · 145
초코브라우니 · 148
팥보틀케이크 · 150
홍국쌀머핀 · 152

쌀쿠키 외

상투과자 · 156
버터쿠키 · 158
홍차스쿱쿠키 · 160
오트밀크랜베리쿠키 · 162
쌀푸딩 · 164
마스카포네치즈 · 166
연유흑임자 · 168
딸기아이스크림 · 170
쑥티라미수 · 172

음청류

보리식혜 · 177
곶감수정과 · 180
보리수단 · 182
창면 · 184
오미갈수 · 186
포도갈수 · 188
배숙 · 190
봉수탕 · 192
대추탕 · 194
사과생강차 · 196
원소병 · 198

떡

한식 디저트

> 1컵: 200mL(cc), 1스푼: 15mL(cc), 1티스푼: 5mL(cc)
> 습식 멥쌀가루, 찹쌀가루는 소금 간이 된 것을 사용하였습니다.

떡은 절기 때마다 먹는 절식(節食)이자 제철 재료로 만들어 먹는 시식(時食)으로 떡을 만들어 이웃과 함께 나누었던 우리 고유의 전통 디저트입니다. 곡식을 가루로 내어 찌거나 삶거나 혹은 기름에 지져 만든 것으로 명절이나 백일, 환갑 등의 통과의례에 빠지지 않고 상에 올렸던 음식입니다.

최근에는 전통 떡과 함께 서양의 요리 재료나 베이킹 기법 등을 접목하여 현대식으로 재해석한 퓨전 떡이 젊은 층의 사랑을 받으며 다양한 메뉴가 개발되고 있습니다. 이 책에서는 레밍턴설기, 앙버떡 등 퓨전 떡 레시피를 주로 소개합니다.

주로 사용하는 재료

멥쌀 vs 찹쌀

멥쌀

우리가 매일 밥을 지어 먹을 때 사용하는 쌀로 백설기, 송편, 절편 등의 떡을 만들 때 사용합니다. 멥쌀은 아밀로오스와 아밀로펙틴으로 구성되어 있어 쫄깃하면서도 담백한 식감을 가지고 있습니다.

찹쌀

찰밥을 지을 때 사용하는 찹쌀로는 찹쌀떡, 인절미, 경단 등의 떡을 만듭니다. 멥쌀과 달리 아밀로펙틴으로만 구성되어 있어 쫄깃한 식감이 강하고 오래 두어도 잘 굳지 않습니다.

습식 쌀가루 vs 건식 쌀가루

습식 쌀가루

쌀을 물에 불려서 빻은 쌀가루로 떡을 만들 때 주로 사용합니다. 멥쌀로 만드는 떡의 경우 습식 쌀가루로 만들었을 때와 건식 쌀가루로 만들었을 때 맛과 식감 차이가 크기 때문에 습식 쌀가루를 사용하여 만드는 것이 좋습니다. 찹쌀로 만드는 떡은 식감 차이가 크지 않아 건식 찹쌀가루로 만들어도 무방하나 습식 찹쌀가루보다 물의 양을 2~2.5배 정도 늘려서 넣어야 합니다.

건식 쌀가루

말린 쌀을 빻아 만든 쌀가루로 쌀 베이킹을 할 때 많이 사용됩니다. 멥쌀로 만든 건식 쌀가루에는 박력쌀가루와 강력쌀가루가 있습니다. 박력쌀가루는 쌀을 곱게 빻은 것으로 다른 첨가물 없이 100% 쌀로 만들어졌으며 케이크, 쿠키 등을 만들 때 쓰이는 박력분을 대체하기에 적합합니다. 강력쌀가루는 쌀에 글루텐, 디아스타아제 등의 첨가물을 넣은 쌀가루로 식빵, 바게트 등 발효 과정을 거치는 레시피에 적합하여 강력분 대용으로 쓰입니다.

Q&A

Q. 냉동실에 소분해 둔 멥쌀가루와 찹쌀가루가 뒤섞여서 어떤 것이 멥쌀가루고, 어떤 것이 찹쌀가루인지 모르겠어요. 구분하는 방법이 없을까요?

A. 멥쌀가루와 찹쌀가루는 육안으로 구분하기가 어려워요. 이럴 때는 요오드액을 활용해 보세요. 가루에 요오드액을 떨어뜨렸을 때 멥쌀가루는 청자색, 찹쌀가루는 적갈색을 띠게 됩니다.

Q. 베이킹몰에서 습식 쌀가루를 구매하여 떡을 만들었는데 물을 충분히 넣고 쪄도 푸석푸석하고 속까지 잘 익지 않네요. 이유가 뭘까요?

A. 시중에 습식 쌀가루로 유통되고 있는 멥쌀가루는 쌀을 물에 불리는 침지 과정을 거치지만 가루를 말려서 만들기 때문에 방앗간에서 빻은 습식 쌀가루와는 차이가 있습니다. 온라인으로 습식 쌀가루를 구매하는 경우 방앗간이나 떡집에서 직접 빻아서 아이스박스에 배송해 주는 쌀가루를 구매하여야 합니다. 실온에 보관하는 쌀가루는 건식 쌀가루로 취급하면 됩니다.

떡 만들기의 기본

불리기
쌀을 맑은 물이 나올 때까지 여러 번 헹군 후 여름에는 4~6시간, 겨울에는 8~10시간 이상 불립니다. 여름에는 냄새가 날 수 있어 2시간에 한 번씩 찬물로 갈아 주거나 냉장고에서 6시간 이상 불려 주는 것이 좋습니다. 물에 불린 쌀은 체에 밭쳐 30분 동안 물기를 뺍니다.

빻기
불린 쌀의 1.1~1.2% 정도 되는 소금을 넣고 빻습니다. 쌀 10컵(1.6kg)을 물에 불려 빻으면 20~22컵(약 2kg)의 쌀가루를 만들 수 있습니다.
방앗간에서 빻는 경우, 소금은 넣고 물은 조금 혹은 아예 넣지 않고 빻아 달라고 합니다. 쌀을 빻을 때 체 치는 작업을 추가하여 빻아 오거나 집에 가져와서 소분하기 전에 체에 한 번 내립니다. 쌀가루는 잘 상하므로 소분하여 바로 냉동실에 보관해 두었다가 만들 때 꺼내두어 찬기를 없애고 사용합니다.

물주기
떡을 만들 때는 물의 양을 적절하게 맞추는 것이 중요한데 이 작업을 '물주기'라고 합니다. 습식 쌀가루는 수분 함량을 알 수 없어 떡 만들 때 필요한 물의 양을 정확히 알 수 없으므로 물주기를 할 때 한꺼번에 물을 넣는 것보다 조금씩 첨가하며 물의 양을 맞춰 주는 것이 좋습니다.

멥쌀가루로 만드는 설기류는 쌀가루 1컵(200mL)에 물 1스푼(15mL)을 넣는 것이 정량이며 중간체에 두 번 내려 만듭니다. 찹쌀가루의 경우 체에 여러 번 내리면 잘 익지 않으므로 한 번만 내립니다.
설탕을 섞는 작업은 항상 맨 마지막에 합니다. 설탕을 넣고 오래 두면 쌀가루가 몽글몽글하게 뭉쳐지고 눅눅해져 떡을 쪘을 때도 맛이 좋지 않으니 떡을 찌기 바로 전에 설탕을 섞어 찜기에 담아 줍니다.

찌기
떡을 찔 때는 반드시 물이 끓은 후에 찜기를 올려 센 불에서 20~30분간 찝니다. 적은 양의 떡을 만들 때는 20분 이내로 쪄도 충분합니다. 떡을 찐 후에 약불 또는 불을 끈 상태로 5분 정도 뜸을 들이면 더욱 부드럽고 촉촉한 떡을 만들 수 있습니다. 절편, 인절미 등 찐 다음에 쳐서 만드는 떡은 뜸을 들이지 않습니다. 찜기는 증기가 새지 않는 떡 전용 찜기를 사용하고 증기가 새는 곳이 있다면 키친타월에 물을 적셔 막아 줍니다. 찹쌀떡은 익으면서 퍼져서 증기가 올라오는 구멍을 막기 때문에 한 덩어리씩 쥐어 안칩니다.

떡 만들기에 사용하는 도구

대나무 찜기 전처리하는 법 사포로 표면을 정리하고 헹군 후 물솥에 물과 식초를 넣고 찜기를 올려 노란 물이 나올 때까지 끓입니다. 노란 물을 버리고 다시 물을 채워 끓이기를 세 번 이상 반복하고 말려 두었다가 사용합니다. 대나무 찜기는 세제를 흡수하므로 세제를 사용하지 않고 물로만 씻습니다.

찜기

25, 27, 30cm 대나무 찜기나 스테인리스 찜기를 사용합니다. 떡케이크를 만들 때는 주로 30cm 찜기를 이용합니다. 대나무 찜기를 사용할 때는 반드시 전처리하여 사용하고 씻은 후에는 서늘한 곳에 말립니다. 대나무 찜기는 사용하다 보면 금방 망가지고 곰팡이가 잘 생겨 자주 교체해 주는 것이 좋습니다. 스테인리스 찜기는 영구적으로 사용할 수 있고 씻기 편하지만, 떡을 찔 때 뚜껑에 증기가 맺혀 물이 떨어지므로 뚜껑을 면포로 감싸고 쪄야 합니다.

물솥

물솥에 물을 담고 가열하여 물이 끓으면 찜기를 얹어 떡을 찝니다. 물을 적게 담으면 찌는 동안 물이 닿거나 김이 충분히 올라오지 않아 떡이 설익을 수 있고, 많이 담으면 떡의 아랫부분이 젖어서 질어질 수 있습니다. 높은 물솥(17.5cm)의 반 정도 담아 끓이는 것이 좋습니다.

믹싱볼

쌀가루에 물주기를 하거나 재료들을 섞을 때 사용합니다. 중간체(대)를 올려놓고 작업할 수 있는 29cm의 믹싱볼을 사용하는 것이 좋습니다.

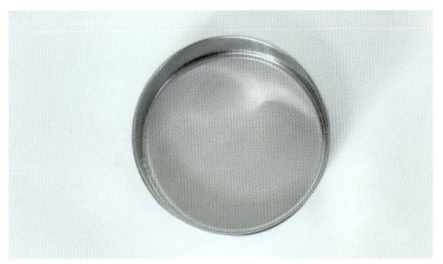

중간체

쌀가루를 내리는 용도로 28cm의 중간체를 주로 사용합니다. 굵은체(얼기미, 어레미)는 고물을 내릴 때, 가는체는 베이킹을 할 때 입자가 고운 가루를 내리는 용도로 사용합니다.

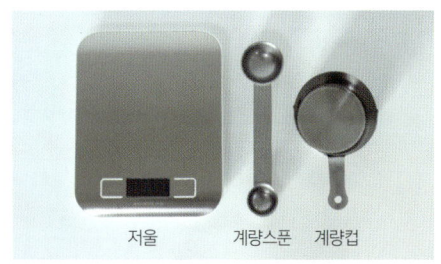

계량컵, 계량스푼, 저울
떡을 만들 때 쌀가루는 계량컵(200mL), 물이나 설탕은 계량스푼(15mL)을 이용하여 부피로 계량하기도 하고 저울을 이용하여 무게로 계량하기도 합니다.

타이머
타이머로 정확하게 시간을 맞춰 떡을 찝니다.

면포, 시루밑
찜기에 쌀가루를 안칠 때 면포와 시루밑을 함께 깔고 담으면 가루가 찜기 바닥에 떨어지지 않아 세척이 편리하고 떡을 찜기에서 분리하기도 수월합니다. 면포는 반죽이 마르지 않도록 덮어 두거나 재료를 거를 때 사용하기도 합니다.

무스링, 실리콘 몰드
떡케이크나 퓨전 떡을 만들 때 무스링, 실리콘 몰드를 활용하면 다양한 크기와 모양의 떡을 만들 수 있습니다.

스크래퍼
무스링에 쌀가루를 담고 윗면을 정리하거나 떡을 자를 때 사용합니다.

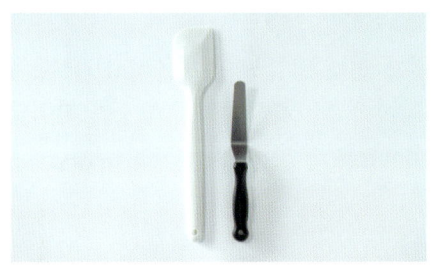

스패출러
반죽, 크림을 섞거나 덜어 낼 때 사용합니다.

떡도장(떡살)
절편이나 설기에 꽃무늬, 빗살무늬, 태극무늬 등의 도장을 찍어 모양을 냅니다.

고명틀
송편이나 절편 반죽을 감꽃, 매화, 나뭇잎 등 다양한 모양의 고명틀로 찍어 장식합니다.

밀대
반죽을 평평하게 밀어 펼 때 사용합니다. 떡을 치거나 재료를 빻을 때 절구공이 대신 사용하기도 합니다.

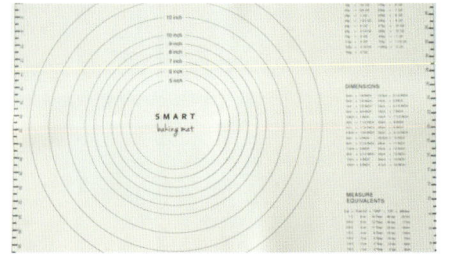

실리콘 반죽 매트
떡을 치대거나 반죽을 밀대로 밀어 펼 때 매트를 깔고 작업합니다.

칼금판
떡케이크를 찌기 전에 칼금판으로 눌러 선을 만든 후 칼금판 선을 따라 칼로 금을 내서 찌면 단면이 깔끔한 조각 떡케이크를 만들 수 있습니다.

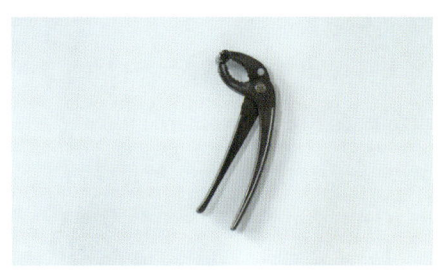

무스링 집게
떡을 찌다가 무스링을 뺄 때는 무스링 집게를 사용합니다.

돌림판
무스링에 담은 쌀가루를 스크래퍼로 정리하거나 크림 장식을 할 때 찜기를 돌림판 위에 올려놓고 돌리면서 작업합니다.

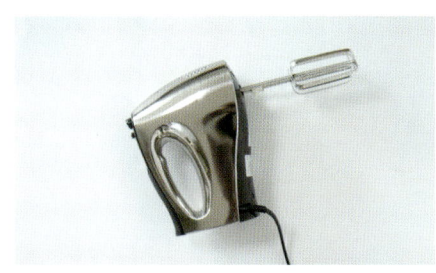

핸드 믹서
크림을 휘핑할 때 사용합니다.

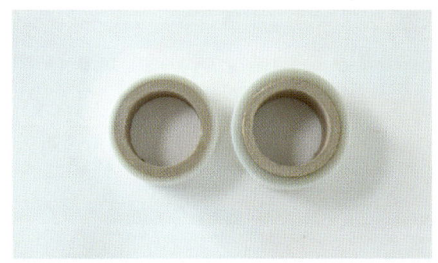

무스띠
떡케이크의 옆면에 둘러 모양을 잡아 줍니다. 7cm 높이의 무스링으로 떡케이크를 만드는 경우 5cm 높이의 무스띠를 사용합니다.

짤주머니, 깍지, 커플러

떡에 필링을 넣거나 크림을 올릴 때 짤주머니에 담아 파이핑합니다. 크림으로 모양을 낼 때는 다양한 모양의 깍지를 짤주머니에 끼워서 크림을 짭니다. 소형 깍지를 짤주머니에 끼울 때는 커플러를 이용하여 고정합니다.

비닐

떡을 치대거나 떡 모양을 잡을 때 떡비닐이나 김장비닐을 사용하기도 합니다.

위생장갑(비닐장갑, 니트릴장갑), 면장갑

떡을 반죽할 때나 떡 안에 소를 넣고 쌀 때 비닐장갑에 기름을 바르고 작업합니다. 재료를 손질하거나 물주기를 할 때는 니트릴장갑을 착용합니다. 뜨거운 떡을 치댈 때는 비닐장갑 안에 면장갑을 착용합니다.

백설기 떡케이크 만들기

Recipe 1호 떡케이크 분량
실온에서 1일, 냉동 시 1개월

습식 멥쌀가루 6컵, 물 6스푼, 설탕 6스푼
도구 원형 무스링 1호(15×7cm), 스크래퍼

How to make

01 쌀가루에 물을 넣고 손으로 비벼 수분을 흡수시켜 줍니다.

02 체에 두 번 내립니다.

03 쌀가루를 한 줌 쥐어 덩어리로 만든 후 두세 번 위로 던져 반죽이 잘게 부스러지지 않는지 확인합니다.

04 설탕을 섞어 줍니다.

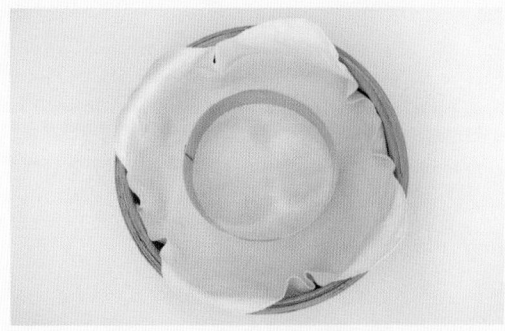

05 찜기에 면포와 시루밑을 깔고 무스링을 가운데에 올립니다.

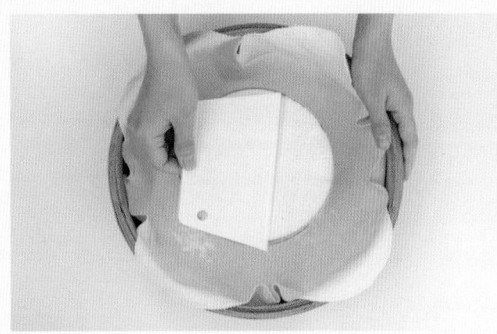

06 가장자리를 잘 채우며 쌀가루를 담은 후 스크래퍼로 윗면을 평평하게 정리합니다.

07 무스링을 양옆으로 움직여 무스링과 쌀가루 사이에 공간을 만듭니다.

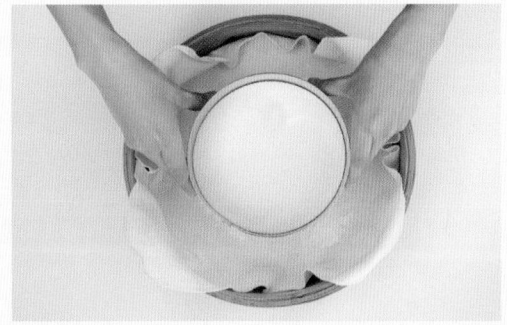

08 무스링을 뺀 후 센 불에서 25분간 찌고 5분 정도 뜸을 들입니다.

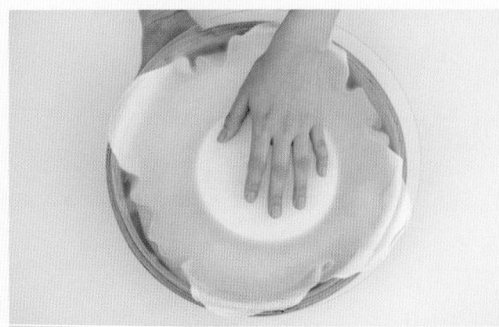

09 떡을 한 김 식힌 후 찜기 위에 떡 뒤집개나 접시를 올리고 찜기를 뒤집어 떡을 찜기에서 분리합니다.

- 무스링을 미리 제거하지 않는 경우 6분간 찌고 무스링을 뺀 후 20분간 더 찝니다.
  무스링을 뺄 때는 증기가 뜨거우니 떡장갑을 착용하고 냄비 집게로 틀을 뺍니다.
- 떡을 식힐 때는 찜기 뚜껑을 닫은 채로 식힙니다.

01 떡
개성주악

Recipe  15개 분량

🏠 실온에서 1일

습식 찹쌀가루 200g, 중력분 30g, 설탕 30g,
뜨거운 물 적당량, 소금 한 꼬집, 생막걸리 30g,
튀김유 적당량
즙청 시럽 쌀조청 200g, 물 70g, 생강 10g
`장식` 대추 1~2개, 호박씨 15개
`도구` 온도계

How to make

01 찹쌀가루, 중력분을 체에 내린 후 설탕, 소금, 생막걸리를 넣고 뜨거운 물을 조금씩 첨가하며 익반죽합니다.

02 반죽을 냉장고에서 15분간 휴지시킵니다.

03 조청에 물, 생강을 넣고 걸쭉하면서도 흐르는 정도의 농도로 끓여 식혀 줍니다.

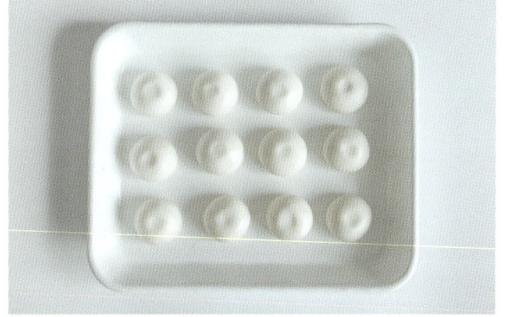

04 휴지시킨 반죽을 20g씩 소분하여 둥글납작하게 만듭니다.

05 젓가락 등을 이용하여 가운데 구멍을 내 줍니다.

06 120℃ 기름에 튀겨 반죽이 떠오르면 160℃까지 온도를 서서히 올리며 노릇해질 때까지 튀깁니다.

07 기름을 뺀 후 뜨거울 때 시럽에 담가 30분간 즙청합니다.

08 즙청한 주악을 2시간 정도 기름망 위에 올려 두었다가 대추, 호박씨로 장식합니다.

- 시럽을 만들 때 끓어 넘치지 않도록 주의합니다.
- 소분한 반죽이 바닥에 붙어 모양이 망가지지 않도록 접시에 기름을 바르고 올려 둡니다.
- 기름 온도가 너무 높으면 기포가 생기니 서서히 기름 온도를 높이며 튀겨 주세요.
- 색상이 고르게 튀겨지도록 자주 뒤집어 주세요.
- 기름에서 건져 낸 후에도 익기 때문에 원하는 색보다 옅을 때 건져 줍니다.
- 개성주악이 뜨거울 때 즙청해야 시럽이 잘 스며듭니다.

02 떡
로투스 설기

Recipe 🍯 8개 분량

🗓 실온에서 1일, 냉동 시 1개월

습식 멥쌀가루 5컵, 습식 찹쌀가루 3컵,
로투스과자 16개(떡가루용 8개/장식용 8개),
크림치즈 130g, 설탕 8스푼, 로투스잼 80g, 우유 1스푼

도구 사각 무스링(18×5cm), 8구 칼금판, 스크래퍼

How to make

01 로투스잼에 우유를 넣고 부드럽게 풀어 줍니다.

02 멥쌀가루에 찹쌀가루, 로투스 가루, 크림치즈를 넣고 손으로 비벼 풀어 준 후 체에 두번 내립니다.

03 체 친 로투스 쌀가루에 설탕을 골고루 섞어 줍니다.

04 무스링에 믹싱한 쌀가루의 1/2을 담고 스크래퍼로 평평하게 정리합니다.

05 칼금판으로 눌러 8조각으로 선을 그어 줍니다.

06 손가락으로 가운데에 홈을 내어 잼이 들어갈 자리를 만듭니다.

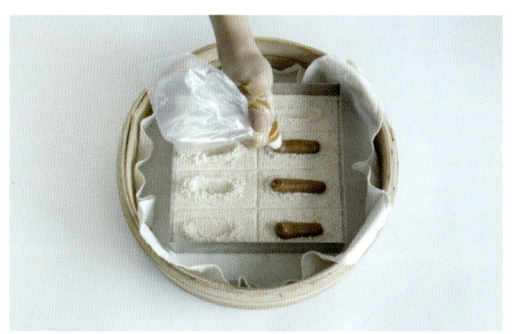

07 1의 로투스잼을 짤주머니나 지퍼백에 담아 필링으로 넣어 줍니다.

08 남은 쌀가루를 전부 채운 후 스크래퍼로 정리합니다.

09 칼금판으로 누른 후 선을 따라 칼로 바닥까지 깊게 금을 그어 줍니다.

10 로투스 과자를 올리고 무스링을 뺀 후 센 불에서 25분간 찌고 5분 정도 뜸을 들어 줍니다.

- 크림치즈 대신 물 또는 우유 8스푼을 넣고 만들어도 됩니다.
- 로투스 가루는 로투스 과자를 지퍼백에 담고 밀대로 밀거나 믹서에 갈아서 만들어 주세요.
- 무스링을 뺄 때는 무스링을 양옆으로 움직여 쌀가루와 링 사이에 공간을 만든 후 조심스럽게 들어 올립니다.

03 | 떡
옥수수 설기

Recipe

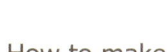 9개 분량

실온에서 1일, 냉동 시 1개월

습식 멥쌀가루 4컵, 물 4스푼, 치자가루 1티스푼,
설탕 4스푼, 필링용 콘옥수수 80g,
옥수수잼(콘옥수수 200g, 설탕 40g)

도구 사각 무스링(18cm), 9구 칼금판, 스크래퍼,
8꽃잎 떡도장

How to make

01 믹서에 간 콘옥수수에 설탕을 넣고 끓여 옥수수잼을 만듭니다.

02 멥쌀가루에 치자가루와 물을 넣고 손으로 비벼 수분을 흡수시킵니다.

03 체에 두 번 내린 후 설탕을 섞어 줍니다.

04 무스링에 믹싱한 쌀가루의 1/2을 담고 스크래퍼로 윗면을 정리합니다.

- 잼용 콘옥수수를 믹서에 갈 때 캔에 들어 있는 물을 함께 넣고 갈아 줍니다.
- 옥수수잼을 만들 때 설탕이 녹을 때까지 젓지 않고 끓이다가 설탕이 녹으면 눌어붙지 않도록 계속 저어 주며 끓입니다. 스패출러로 반을 그었을 때 갈라졌다가 서서히 채워지는 농도가 될 때까지 중불에서 끓여 주세요.

05 칼금판으로 눌러 9조각으로 선을 그어 줍니다.

06 손가락으로 가운데에 홈을 내어 잼이 들어갈 자리를 만듭니다.

07 1의 옥수수잼과 필링용 콘옥수수를 적당히 나누어 넣은 후 남은 쌀가루를 채웁니다.

08 스크래퍼로 윗면을 정리하고 칼금판으로 금을 낸 후 떡도장으로 찍어 줍니다.

09 칼금판 선을 따라서 칼로 바닥까지 깊게 금을 그어 줍니다.

10 무스링을 뺀 후 센 불에서 25분간 찌고 5분 정도 뜸을 들여 줍니다.

- 필링용 콘옥수수는 체에 밭쳐 물기를 뺀 후 사용해 주세요.
- 무스링을 뺄 때는 무스링을 양옆으로 움직여 쌀가루와 링 사이에 공간을 만든 후 조심스럽게 들어 올립니다.

04 떡
앙버떡

Recipe 🍚 6개 분량
🗄 실온에서 1일, 냉동 시 1개월

습식 멥쌀가루 2컵, 습식 찹쌀가루 1/2컵,
에스프레소 2.5스푼, 설탕 2스푼, 팥앙금 150g,
우유 1스푼, 버터 90g

도구 사각 무스링(18cm), 12구 칼금판, 스크래퍼

How to make

01 멥쌀가루에 찹쌀가루, 에스프레소를 넣고 손으로 비벼 풀어 준 후 체에 두 번 내립니다.

02 체 친 커피 쌀가루에 설탕을 골고루 섞어 줍니다.

03 무스링에 믹싱한 쌀가루를 담고 스크래퍼로 평평하게 정리합니다.

04 칼금판으로 눌러 12조각으로 선을 그어 줍니다.

05 선을 따라 칼로 바닥까지 깊게 금을 내고 무스링을 뺀 후 센 불에서 25분간 찌고 5분 정도 뜸을 들여 줍니다.

06 팥앙금에 우유를 섞어 짤주머니나 지퍼백에 담아 준비합니다.

07 버터를 떡 크기에 맞게 6등분으로 자릅니다.

08 한 김 식힌 떡 위에 팥앙금을 짜고 버터와 떡을 올려 완성합니다.

- 에스프레소 대신 인스턴트커피를 뜨거운 물에 녹인 후 식혀서 넣어도 됩니다.
- 무스링을 뺄 때는 무스링을 양옆으로 움직여 쌀가루와 링 사이에 공간을 만든 후 조심스럽게 들어 올립니다.
- 떡을 식힐 때는 찜기 뚜껑을 닫은 채로 식힙니다.

05 떡
레밍턴 설기

Recipe

🍞 15개 분량

❄ 실온에서 1일, 냉동 시 1개월

습식 멥쌀가루 2.5컵, 습식 찹쌀가루 0.5컵, 물 3스푼, 설탕 3스푼, 생크림 90g, 블루베리초콜릿 50g, 바나나초콜릿 50g, 그린망고초콜릿 50g, 코코넛가루 적당량

도구 미니 큐브 몰드 15구, 스크래퍼

How to make

01 멥쌀가루에 찹쌀가루와 물을 넣고 손으로 비벼 수분을 흡수시켜 줍니다.

02 가루를 체에 두 번 내립니다.

03 체 친 가루에 설탕을 골고루 섞어 줍니다.

04 몰드에 가루를 담고 스크래퍼로 윗면을 정리한 후 센 불에서 20분간 찝니다.

05 초콜릿을 중탕하여 녹인 후 따뜻한 생크림 (30g)을 섞어 가나슈를 만듭니다.

06 한 김 식혀 몰드에서 뺀 떡 위에 가나슈를 입혀 줍니다.

07 나머지 색상의 초콜릿도 5와 같은 방법으로 만들어 떡 위에 입힌 후 채반에 올립니다.

08 가나슈가 살짝 굳으면 코코넛가루를 묻혀 완성합니다.

- 초콜릿을 중탕할 때 물이 초콜릿을 담은 그릇 안으로 들어가지 않도록 주의합니다.
- 생크림은 전자레인지에 20~30초 정도 돌려 따뜻하게 데워 주세요.
- 떡을 식힐 때는 찜기 뚜껑을 닫은 채로 식힙니다.
- 사용하는 초콜릿의 농도가 진하지 않은 경우 가나슈를 두세 번 입혀 만들어 주세요.

06 떡
수박설기

Recipe 🍚 10개 분량
🧊 실온에서 1일, 냉동 시 1개월

붉은색 설기 습식 멥쌀가루 350g, 습식 찹쌀가루 70g,
물 4.5스푼, 딸기가루 1스푼, 홍국쌀가루 1스푼,
설탕 4.5스푼

녹색 설기 습식 멥쌀가루 110g, 습식 찹쌀가루 25g,
물 1.5스푼, 쑥가루 1스푼, 설탕 1.5스푼

토핑 초코칩 적당량

도구 2호 무스링(18×3.5cm), 3호 무스링(21×3.5cm),
10구 칼금판, 무스띠, 스크래퍼

How to make

01 2호 무스링에 무스띠를 두르고 테이프로 고정시켜 준비합니다.

02 붉은색 설기: 멥쌀가루에 찹쌀가루, 딸기가루, 홍국쌀가루, 그리고 물을 넣고 손으로 비벼 풀어 준 후 체에 두 번 내립니다.

03 붉은색 설기: 체 친 쌀가루에 설탕을 섞어 줍니다.

04 녹색 설기: 멥쌀가루에 찹쌀가루, 쑥가루, 물을 넣고 2의 과정과 같이 물주기를 한 후 설탕을 섞어 줍니다.

05 1에서 준비한 무스링을 찜기에 놓고 붉은색 쌀가루를 담은 후 스크래퍼로 정리합니다.

06 바깥쪽에 3호 무스링을 놓고 녹색 쌀가루를 채운 후 스크래퍼로 정리합니다.

07 안쪽 무스링에 붙여 놓은 무스띠를 잡고 조심스럽게 들어 올려 빼 줍니다.

08 칼금판으로 눌러 10조각으로 선을 그어 줍니다.

09 선을 따라 칼로 바닥까지 깊게 금을 그어 줍니다.

10 초코칩을 올리고 무스링을 뺀 후 센 불에서 25분간 찌고 5분 정도 뜸을 들여 줍니다.

- 무스띠는 무스링의 높이보다 높은 것을 사용합니다.
- 안쪽 무스링을 들어내면 틈이 생기니 바깥쪽 무스링을 양옆으로 움직여 붉은색 쌀가루 쪽으로 꾹꾹 눌러 붙인 후 떡을 쪄야 녹색 설기와 붉은색 설기가 분리되지 않습니다.
- 떡을 식히지 않고 찜기에서 뺄 때 떡뒤집개를 사용하는 경우 녹은 초코칩이 떡에 묻어날 수 있으니 주의합니다.

07 떡
아이스크림 찹쌀떡

Recipe

🧂 2~3그릇 분량

🧊 실온에서 1일, 냉동 시 1개월

진분홍색 찹쌀떡 습식 찹쌀가루 135g, 물 3스푼,
설탕 1.5스푼, 분홍색 식용색소 소량, 코코넛가루 적당량
연분홍색 찹쌀떡 습식 찹쌀가루 135g, 물 3스푼,
설탕 1.5스푼, 분홍색 식용색소 소량, 코코넛가루 적당량
토핑 딸기 아이스크림 2~3스쿱

How to make

01 분홍색 식용색소를 물에 섞어 진분홍색과 연분홍색으로 만들어 각각의 찹쌀가루에 넣어 줍니다.

02 물주기를 한 찹쌀가루에 설탕을 각각 넣고 섞어 줍니다.

03 면포를 이용하여 구역을 나누고 찹쌀가루를 한 줌씩 쥐어 안친 후 센 불에서 15분간 찝니다.

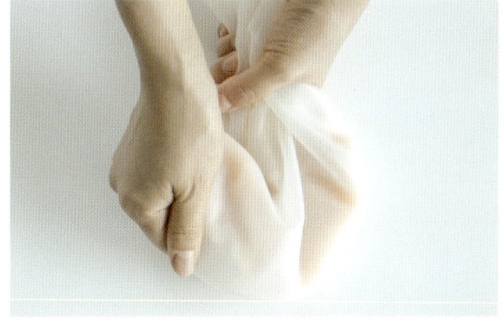

04 떡이 쪄지면 뜨거울 때 꺼내 10분 이상 치대 줍니다.

05 반죽한 떡을 먹기 좋은 크기로 자릅니다.

06 떡 위에 코코넛가루를 골고루 묻힌 후 딸기 아이스크림을 1스쿱 올립니다.

- 분홍색 식용색소 대신 딸기가루 등 천연가루를 이용하여 색을 내도 됩니다.
- 찹쌀가루는 쪄지면서 퍼지기 때문에 찜기에 담을 때 가루를 한 줌씩 쥐어 안쳐야 증기가 올라오는 구멍을 막지 않습니다.
- 찜기 바닥에 설탕을 1스푼 정도 뿌리고 가루를 담아 찌면 떡이 됐을 때 떼어 내기 수월합니다.
- 떡을 치댈 때 반죽주머니를 이용하거나 면장갑 위에 비닐장갑을 끼고 치대 주세요. 떡이 장갑에 달라붙지 않도록 기름을 바르고 반죽합니다.
- 떡은 치댈수록 쫄깃쫄깃해져 맛이 좋아집니다.
- 수제 아이스크림 만드는 법은 딸기아이스크림(p. 170) 레시피를 참고해 주세요.

08 떡
귤찹쌀떡

Recipe

🍱 15개 분량

📦 실온에서 1일, 냉동 시 2주

귤 8개, 건식 찹쌀가루 300g, 물 220g, 소금 4g,
설탕 35g, 팥앙금 225g

How to make

01 찹쌀가루에 소금, 설탕, 물을 넣고 섞어 줍니다.

02 가루를 한 줌씩 쥐어 안쳐 센 불에서 15분간 찝니다.

03 15g씩 소분한 팥앙금을 귤 반 개에 붙여 동그랗게 만듭니다.

04 10분 이상 치댄 떡을 35g씩 떼어 내어 귤+팥앙금을 넣고 싸 줍니다.

- 귤 1개에 40g 정도 되는 것을 사용했습니다. 큰 귤로 만들 경우 팥앙금과 떡의 양을 늘려 주세요.
- 찹쌀가루는 쪄지면서 퍼지기 때문에 찜기에 담을 때 가루를 한 줌씩 쥐어 안쳐야 증기가 올라오는 구멍을 막지 않습니다.
- 찜기 바닥에 설탕을 1스푼 정도 뿌리고 가루를 담아 찌면 떡이 됐을 때 떼어 내기 수월합니다. 떡이 쪄지면 뜨거울 때 꺼내 치댑니다.
- 떡을 치댈 때 반죽주머니를 이용하거나 면장갑 위에 비닐장갑을 끼고 치대 주세요. 떡이 장갑에 달라붙지 않도록 기름을 바르고 반죽합니다.
- 떡은 치댈수록 쫄깃쫄깃해져 맛이 좋아집니다.
- 반죽이 마르지 않도록 젖은 면포로 덮거나 비닐에 넣어 놓고 작업합니다.

09 떡
감송편

Recipe 🍳 16개 분량

🧊 실온에서 1일, 냉동 시 1개월

감(주황색) 반죽 습식 멥쌀가루 300g, 치자가루 1/2티스푼, 비트가루 1/2티스푼, 설탕 3스푼, 뜨거운 물 6스푼
감꼭지(녹색) 반죽 습식 멥쌀가루 50g, 쑥가루 1/4티스푼, 설탕 1/2스푼, 뜨거운 물 1스푼
깨소 깨 50g, 흑설탕 30g, 꿀 3스푼, 볶은 콩가루 1스푼, 소금 한 꼬집
참기름 적당량

도구 밀대, 감꽃 고명틀(지름 2.5cm)

How to make

01 깨를 빻아 흑설탕, 꿀, 볶은 콩가루, 소금을 넣고 섞어 깨소를 만듭니다.

02 체에 내린 멥쌀가루에 치자가루, 비트가루, 설탕, 뜨거운 물을 넣고 익반죽합니다.

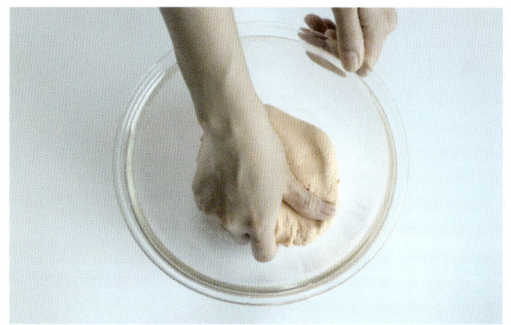

03 반죽이 갈라짐 없이 촉촉하고 단단하게 뭉쳐지면 25g씩 떼어 냅니다.

04 반죽을 둥글린 후 가운데를 움푹하게 만들어 깨소를 넣어 줍니다.

05 끝을 잘 꼬집어 오므린 후 손으로 주물러 공기를 빼 줍니다.

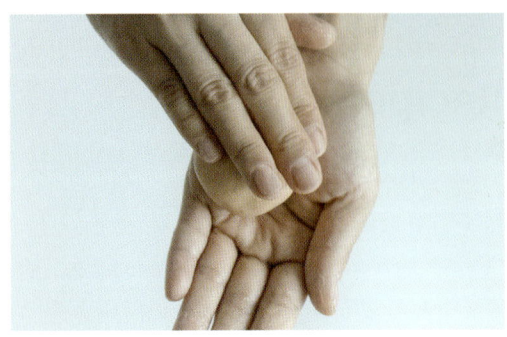

06 손바닥으로 둥글려 동그랗게 만듭니다.

07 체에 내린 멥쌀가루에 쑥가루, 설탕, 뜨거운 물을 넣고 익반죽합니다.

08 반죽을 밀대로 밀어 편 후 고명틀로 찍어 감꼭지 모양을 만듭니다.

09 깨소를 넣고 싼 반죽 위에 감꼭지 모양의 반죽을 놓고 뾰족한 꼬지로 눌러 고정시킵니다.

10 찜기에 반죽을 담아 센 불에서 15분간 찐 후 참기름을 발라 줍니다.

- 습식 가루는 가루마다 수분 함량이 다르니 물을 한꺼번에 넣지 않고 조금씩 추가하며 익반죽합니다.
- 반죽이 마르지 않도록 젖은 면포로 덮거나 비닐에 넣어 놓고 작업합니다.
- 송편을 찐 후 찬물에 잠시 담갔다가 물기를 빼고 참기름을 바르면 좀 더 쫀득한 식감으로 즐길 수 있습니다.

10 사과단자

떡

Recipe

🍯 12개 분량

📅 실온에서 1일, 냉동 시 1개월

건식 찹쌀가루 200g, 물 150g, 소금 3g, 설탕 25g, 분홍색 식용색소, 다진 사과정과 30g, 밤고물 100g, 백앙금 120g, 코코넛가루 적당량

장식 사과정과 1~2개, 호박씨 12개

How to make

01 찐 밤을 체에 내려 고물을 만든 후 다진 사과정과와 백앙금을 넣고 섞어 줍니다.

02 밤소를 20g씩 소분하여 동그랗게 만들어 준비합니다.

03 찹쌀가루에 소금, 설탕, 분홍색 식용색소를 첨가한 물을 넣고 섞은 후 센 불에서 15분간 찝니다.

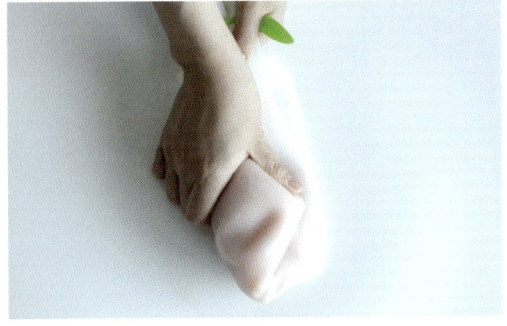

04 떡이 쪄지면 뜨거울 때 꺼내 10분 이상 치대 줍니다.

05 반죽한 떡을 30g씩 떼어 내어 밤소를 넣고 동그랗게 싸 줍니다.

06 떡 위에 코코넛가루를 골고루 묻힙니다.

07 젓가락 등을 이용하여 가운데를 움푹해지도록 꾹 눌러 줍니다.

08 움푹하게 들어간 자리에 호박씨와 사과정과를 올려 장식합니다.

- 사과정과 만드는 법은 사과정과(p. 100) 레시피를 참고해 주세요.
- 찹쌀가루는 쪄지면서 퍼지기 때문에 찜기에 담을 때 가루를 한 줌씩 쥐어 안쳐야 증기가 올라오는 구멍을 막지 않습니다.
- 찜기 바닥에 설탕을 1스푼 정도 뿌리고 가루를 담아 찌면 떡이 됐을 때 떼어 내기 수월합니다.
- 떡을 치댈 때 반죽주머니를 이용하거나 면장갑 위에 비닐장갑을 끼고 치대 주세요. 떡이 장갑에 달라붙지 않도록 기름을 바르고 반죽합니다.
- 떡은 치댈수록 쫄깃쫄깃해져 맛이 좋아집니다.
- 밤소를 넣고 쌀 때 떡반죽이 마르지 않도록 젖은 면포로 덮거나 비닐에 넣어 놓고 작업합니다.

11 떡
떡드위치

Recipe

🍳 2개 분량

🕐 실온에서 1일

습식 멥쌀가루 2.5컵, 습식 찹쌀가루 0.5컵, 물 3스푼, 설탕 2스푼
속재료 콘옥수수(100g), 양상추, 적양배추, 토마토, 파프리카, 슬라이스 햄&치즈 적당량
소스 케첩 1스푼, 마요네즈 1스푼, 머스터드 1스푼, 설탕 1스푼
도구 사각 무스링(18cm), 스크래퍼, 밀대

How to make

01 멥쌀가루에 찹쌀가루와 물을 넣고 손으로 비벼 수분을 흡수시켜 줍니다.

02 가루를 체에 두 번 내립니다.

03 체 친 가루에 설탕을 골고루 섞어 줍니다.

04 무스링에 가루를 담고 가장자리까지 골고루 채워 줍니다.

05 스크래퍼로 윗면을 평평하게 정리한 다음 센 불에서 6분간 찌고 무스링을 뺀 후 20분간 더 쪄 줍니다.

06 떡을 한 김 식힌 후 떡의 위아래에 랩을 깔고 밀대로 살짝 밀어 폅니다.

07 떡을 4등분한 후 분량의 소스를 섞은 콘옥수수를 올려 줍니다.

08 그 위에 각종 속재료를 취향껏 올려 샌드위치 모양으로 완성합니다.

- 떡을 찌기 전에 무스링을 양옆으로 움직여 쌀가루와 링 사이에 공간을 만든 후 쪄 주세요.
  떡을 찔 때 증기도 잘 올라오고 무스링을 빼기도 수월합니다.
- 떡을 식힐 때는 찜기 뚜껑을 닫은 채로 식힙니다.

12 떡
사탕절편

Recipe 🍱 8개 분량
⏲ 실온에서 1일, 냉동 시 1개월

습식 멥쌀가루 135g, 물 3스푼, 설탕 2스푼,
천연가루(쑥 1/4티스푼, 자색고구마 1/4티스푼,
백년초 소량, 치자 소량)

How to make

01 체에 내린 멥쌀가루에 물을 넣고 손으로 비벼 수분을 흡수시켜 줍니다.

02 쌀가루에 설탕을 섞은 후 찜기에 담아 센 불에서 15분간 찝니다.

03 떡이 쪄지면 10분 이상 치댄 후 60g을 떼어 놓고 동그랗게 한 덩어리로 만듭니다.

04 반죽을 15g씩 4개로 소분하여 각각의 천연가루를 넣고 색을 입혀 줍니다.

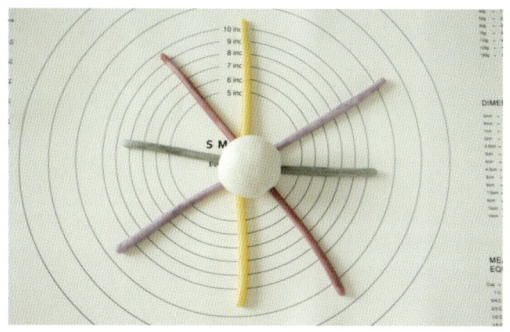

05 색을 입힌 반죽들을 교차하여 깔고 그 위에 흰색 반죽을 올립니다.

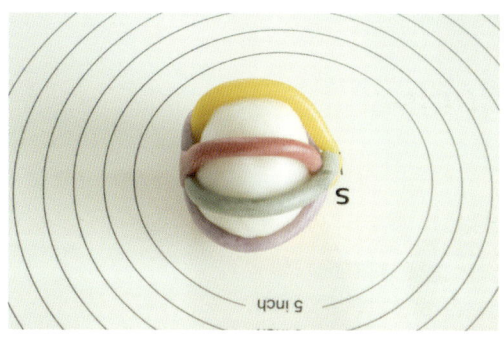

06 색을 입힌 반죽을 하나씩 감싸고 튀어나온 부분을 떼어 낸 후 옆으로 눕힙니다.

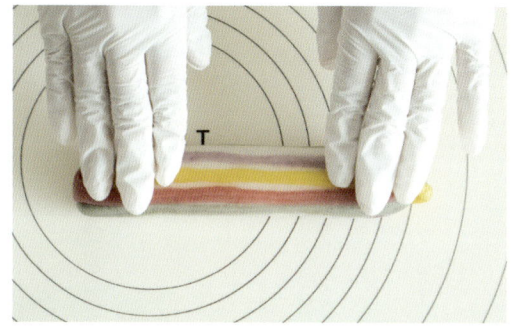

07 동그란 반죽을 가래떡 굵기가 될 때까지 손바닥으로 밀어 줍니다.

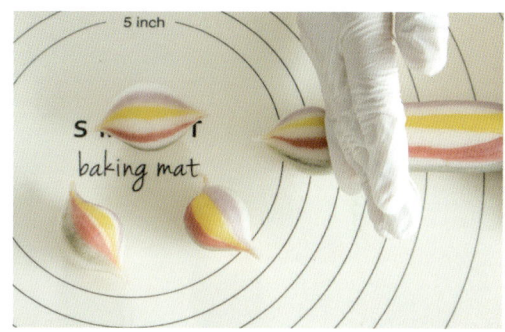

08 손날로 살살 밀어 자른 후 꼬리 부분을 안쪽으로 눌러 사탕 모양으로 만듭니다.

- 떡이 식으면 모양이 잘 잡히지 않으니 뜨거울 때 바로 꺼내 반죽해 줍니다.
  반죽주머니 없이 반죽할 때는 면장갑 위에 비닐장갑을 끼고 치대 주세요.
- 반죽이 마르지 않도록 젖은 면포로 덮거나 비닐에 넣어 놓고 작업합니다.
- 완성된 절편에 향이 없는 기름(예, 포도씨유)를 바르면 표면이 마르는 것을 방지할 수 있습니다.
- 꿀을 찍어 먹으면 더 맛있게 즐길 수 있습니다.
- 2인 이상 먹기에는 적은 양이니 인원수에 따라 양을 늘려서 만들어 주세요.

13 떡
꽃절편

Recipe

🏋 14개 분량

🗓 실온에서 1일, 냉동 시 1개월

습식 멥쌀가루 200g, 자색고구마가루 5g,
뜨거운 물 4스푼, 설탕 2스푼, 백앙금 140g

도구 8꽃잎 떡도장

How to make

01 체에 내린 멥쌀가루에 자색고구마가루, 설탕, 뜨거운 물을 넣고 익반죽합니다.

02 반죽이 갈라짐 없이 촉촉하고 단단하게 뭉쳐지면 20g을 떼어 냅니다.

03 백앙금 10g을 넣고 싼 후 손으로 주물러 공기를 빼고 동그랗게 둥글려 줍니다.

04 떡도장을 지그시 눌러 꽃무늬를 만들어 찜기에 담고, 센 불에서 15분간 찝니다.

- 습식 가루는 가루마다 수분 함량이 다르니 물을 한꺼번에 넣지 않고 조금씩 추가하며 익반죽합니다.
- 반죽이 마르지 않도록 젖은 면포로 덮거나 비닐에 넣어 놓고 작업합니다.
- 절편을 찐 후 향이 없는 기름(예, 포도씨유)를 바르면 표면이 마르는 것을 방지할 수 있습니다.

14 떡

바나나 경단

Recipe

🏷️ **12개 분량**

📦 **실온에서 1일, 냉동 시 1개월**

바나나 2개, 습식 찹쌀가루 300g, 설탕 2스푼,
뜨거운 물 적당량, 계핏가루 1/2티스푼,
카스텔라 가루 적당량

How to make

01 찹쌀가루에 바나나 1개와 분량의 설탕, 계핏가루를 넣고 뜨거운 물로 익반죽합니다.

02 반죽이 갈라짐 없이 촉촉하고 단단하게 뭉쳐지면 35g씩 소분합니다.

03 바나나 1개를 기다랗게 썰어 12등분합니다.

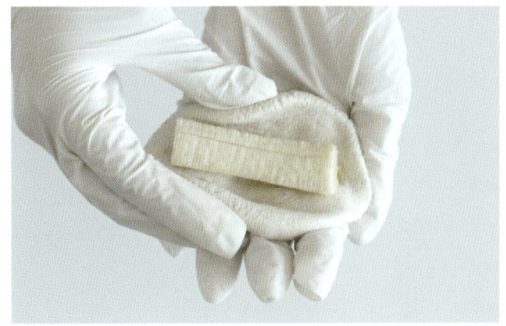

04 반죽을 납작하게 편 후 바나나를 넣고 오므린 후 손으로 주물러 공기를 빼 줍니다.

05 바나나 반죽을 끓는 물에 익혀 줍니다.

06 반죽이 떠오르면 30초 정도 더 익힌 후 건져 냅니다.

07 익힌 바나나떡을 차가운 물에 잠시 담갔다가 물기를 뺍니다.

08 카스텔라 가루를 골고루 묻혀 줍니다.

- 바나나를 넣고 섞은 후 뜨거운 물을 조금씩 추가하며 익반죽합니다.
  바나나가 무른 경우 바나나만 넣고 반죽해도 됩니다.
- 반죽이 마르지 않도록 젖은 면포로 덮거나 비닐에 넣어 놓고 작업합니다.
- 익힌 떡을 차가운 물에 담갔다 빼면 더 쫄깃해지는데 오래 담가 두면 퍼져서 맛이 없으니 잠시만 넣었다가 빼 줍니다.
- 카스텔라 고물은 카스텔라의 갈색 부분을 잘라 내고 체에 내려 준비해 주세요.

15 떡
단호박 인절미

Recipe

🔸 10개 분량

🔸 실온에서 1일, 냉동 시 1개월

으깬 단호박 150g, 건식 찹쌀가루 200g, 소금 3g, 설탕 35g, 카스텔라 가루 적당량, 소금물(물 1컵, 소금 5g)

도구 절구공이

How to make

01 10분 정도 찐 단호박의 속을 파내고 껍질을 벗긴 후 으깨 줍니다.

02 찹쌀가루에 으깬 단호박, 소금, 설탕을 넣고 섞어 줍니다.

03 가루를 한 줌씩 쥐어 안쳐 센 불에서 25분간 찝니다.

04 떡이 뜨거울 때 소금물을 묻혀 가며 10분 이상 절구공이로 쳐 줍니다.

05 사각 용기에 랩을 깔고 떡을 넣어 충분히 식힙니다.

06 떡을 꺼내 카스텔라 가루를 골고루 묻히고 먹기 좋은 크기로 자릅니다.

- 찹쌀가루는 쪄지면서 퍼지기 때문에 찜기에 담을 때 가루를 한 줌씩 쥐어 안쳐야 증기가 올라오는 구멍을 막지 않습니다.
- 찜기 바닥에 설탕을 1스푼 정도 뿌리고 가루를 담아 찌면 떡이 됐을 때 떼어 내기 수월합니다.
- 떡은 치댈수록 쫄깃쫄깃해져 맛이 좋아집니다.
- 카스텔라 고물은 카스텔라의 갈색 부분을 잘라 내고 체에 내려 준비해 주세요.

한과

한식 디저트

한과는 곡물가루나 과일에 조청, 꿀 등을 섞어 달콤하게 맛을 낸 전통 과자로 조과(造果) 또는 과줄이라고도 합니다. 제사상에 올리는 과일을 구하기 어려운 계절에 곡물가루와 꿀로 과일 모양을 만들고 여기에 과일나무의 가지를 꽂아 사용하였습니다. 불교의 확산으로 육식을 절제하고 차와 함께 한과를 곁들여 먹는 풍습이 유행하면서 명절과 같은 특별한 날이나 혼인, 제사 등의 의례에 대중적으로 사용하는 음식이 되었습니다.

유밀과
유밀과는 밀가루에 꿀과 기름을 넣고 반죽하여 기름에 튀긴 후 꿀에 담가 즙청한 과자입니다. 이 책에서는 모약과, 매작과 만드는 법을 소개했습니다.

유과
찹쌀가루에 술을 넣고 반죽하여 모양을 만들고 말린 후 기름에 튀겨 꿀을 바르고 고물을 묻힌 것으로 산자와 강정 등이 있습니다.

정과
식물의 뿌리, 줄기, 열매를 설탕, 꿀, 조청 등에 졸인 과자입니다. 이 책에서는 사과정과, 도라지정과, 생강정과 만드는 법을 소개했습니다.

숙실과
식물의 뿌리나 열매를 익혀 만든 과자입니다. 꿀을 넣고 졸이듯 볶은 것에는 '초(秒)'를 붙이고, 재료를 다져서 꿀에 졸인 후 원래의 재료 모양으로 만든 것에는 '란(卵)'을 붙입니다. 밤초·대추초·율란·조란 등이 있으며 이 책에서는 율란 만드는 법을 소개했습니다.

과편
신맛이 나는 과일로 만든 즙에 녹말, 꿀 등을 넣고 졸여 굳힌 후 썬 것입니다. 단맛이 나는 묵이라고 하여 단묵이라고도 합니다. 모과편·살구편·앵두편 등이 있으며 이 책에서는 키위편과 오미자편 만드는 법을 소개했습니다.

다식
곡물가루, 송홧가루, 한약재 등을 꿀로 반죽한 후 여러 가지 무늬의 다식판에 찍어 낸 과자로 흑임자다식, 녹말다식 등이 있습니다.

엿강정
견과류, 깨 등에 설탕, 물엿 등을 넣고 버무려서 굳힌 후 자른 과자입니다. 이 책에서는 쌀강정, 오란다, 호두강정 만드는 법을 소개했습니다.

엿
멥쌀, 찹쌀, 옥수수 등의 곡물을 익혀 엿기름물로 삭힌 후 졸여서 만든 것으로 물엿, 조청 등이 있습니다.

16 한과
모약과

Recipe

🥣 14개(자투리 반죽 제외) 분량

🕒 실온에서 3일

중력분 300g, 참기름 50g, 소주 60g, 설탕 시럽 60g, 소금 3g, 후추 약간

즙청 시럽 쌀조청 450g, 물 150g, 생강 30g

도구 모약과틀, 밀대, 온도계

How to make

01 조청에 물, 생강을 넣고 걸쭉하면서도 흐르는 정도의 농도로 끓여 식혀 줍니다.

02 중력분에 소금, 후추, 참기름을 넣고 잘 섞은 후 중간체에 한 번 내립니다.

03 설탕 시럽과 소주를 넣은 후 가르듯이 섞어 줍니다.

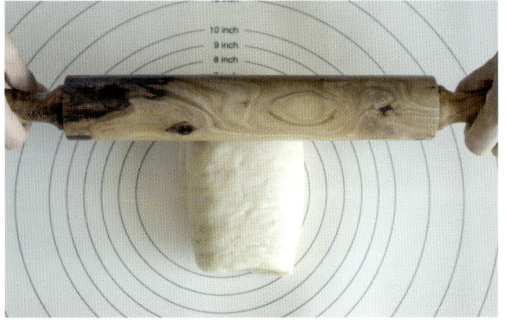

04 밀대로 밀어 편 후 3절 접기를 3번 반복하고 1cm 두께로 밀어 폅니다.

05 모양과틀로 찍어 냅니다.

06 잘 튀겨지도록 포크 등 뾰족한 도구를 이용해 구멍을 내 줍니다.

07 110℃ 기름에 튀겨 반죽이 떠오르면 140℃까지 온도를 서서히 올리며 노릇해질 때까지 튀깁니다.

08 기름을 빼고 뜨거울 때 담가 30분간 즙청한 후 기름망 위에 올려 여분의 시럽을 빼 줍니다.

- 시럽을 만들 때 끓어 넘치지 않도록 주의합니다.
- 설탕 시럽은 설탕 100g에 물 100g을 넣고 끓여 넉넉하게 만들어 두었다가 사용했습니다.
  설탕을 가열할 때 녹기 전에 저으면 결정이 생기니 젓지 않고 끓입니다.
- 반죽을 치대면 글루텐이 생기기 때문에 날가루가 보이지 않을 정도로만 뭉쳐 작업합니다.
- 색상이 고르게 튀겨지도록 자주 뒤집어 주세요.
- 기름에서 건져 낸 후에도 익기 때문에 원하는 색보다 옅을 때 건져 줍니다.
- 모약과가 뜨거울 때 즙청해야 시럽이 잘 스며듭니다.

17 한과
매작과

Recipe

🧂 16개 (자투리 반죽 제외) 분량

📦 실온에서 2주, 냉동 시 1개월

박력분 200g, 생강물 8스푼(생강 15g, 물 120g),
치자가루 1티스푼, 소금 2g
설탕 시럽 설탕 120g, 물 150g
도구 밀대, 온도계

How to make

01 설탕에 물을 넣고 끓여 설탕 시럽을 만듭니다.

02 체 친 박력분을 반으로 나누어 소금, 생강물을 각각 분량의 1/2씩 넣고 반죽합니다. (한쪽에는 치자가루 추가)

03 반죽을 랩으로 씌워 냉장고에서 15분간 숙성시킵니다.

04 밀대를 이용하여 각각의 반죽을 밀어 폅니다.

- 설탕을 가열할 때 녹기 전에 저으면 결정이 생기니 젓지 않고 끓입니다.
- 생강을 잘게 다져 10분간 물에 우린 후 면포에 걸러 생강물을 만듭니다.

05 덧가루를 뿌리고 노란 반죽 위에 흰 반죽을 올려 2~3mm 두께로 밀어 편 후 16×10cm 크기로 반듯하게 정리합니다.

06 스크래퍼나 칼을 이용하여 2×5cm 크기로 잘라 16개의 반죽을 만듭니다.

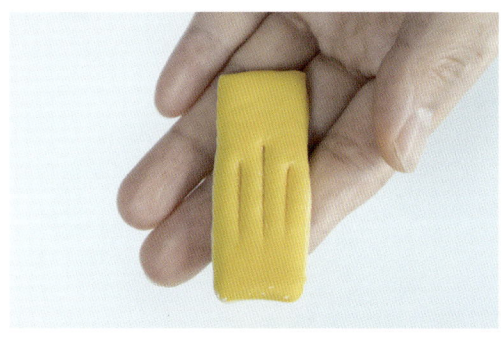

07 가운데를 내 천(川) 자 모양으로 칼금을 내거나 반으로 접어 가위로 잘라 줍니다.

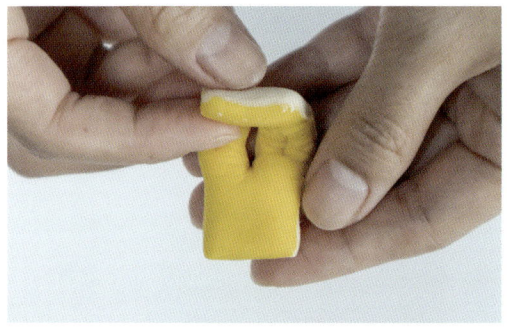

08 한쪽 끝을 가운데 긴 틈으로 집어넣어 타래 모양을 만듭니다.

09 150℃ 기름에 튀겨 반죽이 떠오르면 뒤집으며 노릇해질 때까지 튀깁니다.

10 기름을 빼고 설탕 시럽에 버무린 후 기름망 위에 올려 여분의 시럽을 빼 줍니다.

- 반죽을 치대면 글루텐이 생기기 때문에 날가루가 보이지 않을 정도로만 뭉쳐 작업합니다.
- 반죽이 질면 모양이 잘 잡히지 않고 늘어져서 살짝 되게 반죽을 만드는 것이 좋습니다.
- 색상이 고르게 튀겨지도록 자주 뒤집어 주세요.

18 한과
유자 쌀강정

Recipe

🍱 20개 분량

🗓 실온에서 2주, 냉동 시 1개월

쌀 400g, 물 1kg, 소금물(물 1kg, 소금 5g), 설탕 40g, 물엿 30g, 유자청 30g, 치자가루 1/2티스푼, 튀김유 적당량

도구 강정틀(30×20cm), 밀대

How to make

01 쌀을 맑은 물이 될 때까지 여러 번 씻어 5시간 이상 불려 줍니다.

02 불린 쌀을 헹군 후 분량의 물을 넣고 가열하여 끓기 시작하면 약불에서 10~15분간 익힙니다.

03 물로 헹군 후 소금물에 3분간 담가 놓습니다.

04 채반에 올려 물기를 뺀 후 10시간 정도 자연 건조하여 완전히 말립니다.

- 찬밥을 말려 강정으로 만들어도 좋습니다.
- 밥알을 말릴 때 선풍기를 틀어 놓으면 더 빠르게 말릴 수 있습니다.

05 서로 붙어 있는 밥알이 떨어지도록 밀대로 밀어 줍니다.

06 200℃ 기름에 밥알을 조금씩 넣고 튀겨 쌀튀밥을 만듭니다.

07 설탕, 물엿, 유자청, 치자가루를 넣고 끓여 시럽을 만듭니다.

08 끓기 시작하면 쌀튀밥을 넣고 골고루 섞어 줍니다.

09 강정틀에 비닐을 깔고 볶은 쌀튀밥을 담은 후 비닐로 덮고 손으로 꾹꾹 누르거나 밀대로 밀어 평평하게 만듭니다.

10 강정이 완전히 굳기 전에 꺼내 먹기 좋은 크기로 잘라 줍니다.

- 말린 밥알을 튀길 때 체 안에 넣은 상태로 튀겨 부풀어 오르면 바로 건져 줍니다.
- 설탕을 가열할 때 녹기 전에 저으면 결정이 생기니 젓지 않고 끓입니다.
- 강정을 140℃로 예열한 오븐에 5분 정도 구우면 더욱 바삭하게 즐길 수 있습니다.

19 한과
오란다

Recipe 20개 분량

실온에서 2주, 냉동 시 1개월

오란다 150g, 쌀조청 100g, 설탕 20g, 물 15g,
버터 10g, 크랜베리 20g, 호박씨 30g

도구 사각 무스링(21cm)

How to make

01 조청, 설탕, 물을 넣고 약불로 끓이다가 버터를 넣고 중불에서 끓여 시럽을 만듭니다.

02 오란다, 크랜베리, 호박씨를 넣고 실이 보일 때까지 섞어 줍니다.

03 무스링에 랩 또는 비닐을 깔고 볶은 오란다를 담은 후 그 위에 랩을 덮고 손으로 꾹꾹 눌러 평평하게 만듭니다.

04 오란다가 완전히 굳기 전에 꺼내 먹기 좋은 크기로 잘라 줍니다.

- 설탕을 가열할 때 녹기 전에 저으면 결정이 생기니 젓지 않고 끓입니다.

20 한과
연근부각

Recipe 연근 3개 분량

실온에서 3개월

깐 연근 800g, 찹쌀풀(건식 찹쌀가루 60g, 물 360g, 소금 한 꼬집), 천연가루(비트 1티스푼, 클로렐라 1티스푼, 치자 1/2티스푼), 설탕 4스푼, 깨 2스푼, 튀김유 적당량, 식초물(물 1kg, 식초 2스푼)

How to make

01 연근을 2mm 두께로 썰어 갈변하지 않도록 식초물에 담가 둡니다.

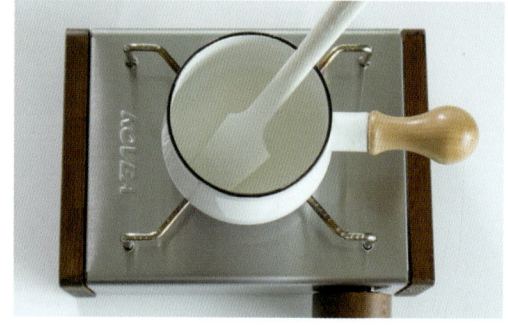

02 찹쌀가루에 물, 소금을 넣고 중약불에서 끓여 찹쌀풀을 만듭니다.

03 찹쌀풀을 그릇 3개에 나누어 담고 각각의 천연가루를 섞어 줍니다.

04 연근에 찹쌀풀을 발라 말린 후 먹을 때 기름에 튀겨 설탕과 깨를 묻혀 줍니다.

- 찹쌀풀을 쑬 때 눌어붙지 않도록 계속 저으며 끓입니다.
  식으면 농도가 되직해지므로 약간 묽은 상태일 때 불을 끄는 것이 좋습니다.
- 식초물에 담가 둔 연근을 물에 헹군 후 물기를 제거하고 기름솔을 이용하여 찹쌀풀을 발라 줍니다.
- 건조기에 넣고 50℃로 10시간 정도 말려 주세요.
- 190~200℃ 기름에 튀겨 연근의 부피가 커지면 5초 정도 더 튀긴 후 건집니다.

21 한과
꽃부각

Recipe 8개 분량

 실온에서 1일

라이스페이퍼 5장, 김 1장, 찹쌀 15g,
찹쌀풀(건식 찹쌀가루 15g, 물 90g),
천연가루 소량(자색고구마, 치자, 쑥),
튀김유 적당량

How to make

01 3개의 그릇에 나누어 담은 찹쌀에 소량의 물과 천연가루를 넣고 30분간 담가 둡니다.

02 3가지 색으로 물든 찹쌀을 15분간 쪄 줍니다.

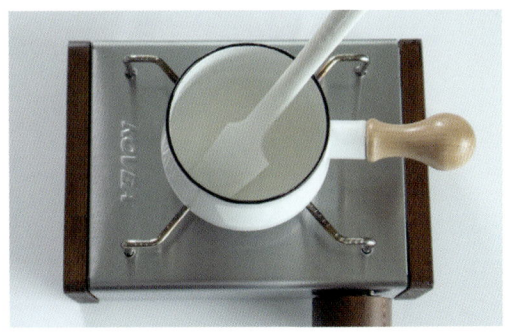

03 찹쌀가루에 물을 넣고 중약불에서 끓여 찹쌀풀을 만듭니다.

04 찹쌀풀을 그릇 3개에 나누어 담고 각각의 천연가루를 소량 섞어 줍니다.

05 라이스페이퍼를 8등분하고 김은 사각형으로 작게 자릅니다.

06 라이스페이퍼 5조각의 모서리 부분을 포갠 후 찹쌀풀을 발라 꽃 모양을 만듭니다.

07 가운데에 김을 붙이고 찹쌀풀을 바른 후 찹쌀을 올려 꽃의 수술을 표현합니다.

08 찹쌀풀이 마르면 기름에 튀깁니다.

- 찹쌀풀을 쑬 때 눌어붙지 않도록 계속 저으며 끓입니다.
  식으면 농도가 되직해지므로 약간 묽은 상태일 때 불을 끄는 것이 좋습니다.
- 190~200℃ 기름에 튀겨 꽃 모양으로 변하면 바로 건져 냅니다.

22 한과
초콜릿 양갱

Recipe 🎂 14개 분량
📦 냉장 시 7일, 냉동 시 30일

초콜릿 양갱 백앙금 200g, 물 150g, 초콜릿 60g, 한천가루 3g, 설탕 50g
우유 양갱 백앙금 250g, 우유 150g, 한천가루 3g, 설탕 50g

`도구` 파운드틀(21.5×9.5cm)

How to make

01 한천가루를 물에 15분간 불려 줍니다.

02 불린 한천물을 가열하여 끓어오르면 설탕을 넣고 섞은 후 불을 끕니다.

03 앙금을 넣고 덩어리 없이 풀어 준 후 약불에서 2~3분간 더 끓입니다.

04 초콜릿을 넣고 섞어 완전히 녹으면 불을 끕니다.

05 끓인 양갱물을 체에 거른 후 팬에 부어 살짝 굳힙니다.

06 1~3의 과정과 같이 한천을 불린 우유를 끓여 설탕과 앙금을 차례로 섞은 후 약불에서 2~3분간 더 끓입니다.

07 초콜릿 양갱 위에 체에 거른 우유 양갱물을 붓고 실온에서 30분 정도 굳힙니다.

08 양갱이 굳으면 팬에서 꺼내 적당한 크기로 잘라 완성합니다.

- 백앙금은 저감미 백옥앙금을 사용했습니다.
- 양갱물을 만들 때 앙금을 넣으면 바닥에 잘 눌어붙으니 계속 저어 주세요.
- 스프레이로 팬에 물을 뿌린 후 담으면 굳었을 때 양갱을 더욱 쉽게 뺄 수 있습니다.
- 초콜릿 양갱이 완전히 굳은 후에 우유 양갱물을 부으면 서로 붙지 않고 분리될 수 있으니 초콜릿 양갱이 완전히 굳기 전에 양갱물을 부어 줍니다.
- 파운드팬이나 양갱틀이 없는 경우 사각 유리 용기에 넣어 만들어도 됩니다.
- 양갱물을 붓고 팬을 바닥에 탁탁 쳐서 기포를 제거해 주면 양갱을 매끈하게 만들 수 있습니다.

23 한과
호두강정

Recipe

🏷️ 100개 분량

🗓️ 실온에서 2주, 냉장 시 1개월

호두 300g, 물 100g, 물엿 50g, 설탕50g, 소금 한 꼬집

How to make

01 호두를 끓는 물에 넣고 3~5분간 끓여 불순물을 제거합니다.

02 끓인 호두를 물에 헹군 후 150℃로 예열한 오븐에 15분간 구워 줍니다.

03 분량의 물, 물엿, 설탕, 소금을 넣고 끓여 시럽을 만든 후 호두를 넣고 약불에서 졸입니다.

04 시럽을 체에 거른 후 160℃로 예열한 오븐에 10분간 굽고 뒤집어서 5분 더 구워 줍니다.

- 1~2의 호두 전처리 과정을 거쳐야 호두의 잡내와 텁텁함이 제거되고 고소한 맛이 강해집니다.
- 설탕을 가열할 때 녹기 전에 저으면 결정이 생기니 젓지 않고 끓입니다.
- 시럽을 코팅한 호두를 팬에 올릴 때 간격을 두어 서로 달라붙지 않도록 놓아 줍니다.
- 오븐 대신 에어프라이어를 사용하여 만들어도 됩니다.

24 한과
호두 곶감말이

Recipe

🍳 12개 분량

🧊 냉장 시 3일, 냉동 시 3개월

곶감 6개, 호두 12개

How to make

01 곶감의 위아래를 조금 잘라 내고 세로로 칼집을 냅니다.

02 손질한 곶감을 길게 펼쳐서 씨를 제거합니다.

03 호두 2개를 겹쳐 올린 후 돌돌 말아 줍니다.

04 랩으로 개별포장하여 냉동실에 넣어 두었다가 단단해지면 반으로 자릅니다.

- 씨를 제거한 후 곶감을 평평하게 펴 줘야 모양이 예쁘게 나옵니다.
- 호두는 전처리하여 사용합니다. 전처리 작업은 호두강정(p. 86) 레시피의 1~2 과정을 참고해 주세요.
- 호두 대신 크림치즈를 넣고 만들어 다양한 맛으로 즐겨 보세요.
- 냉동 보관한 곶감말이는 먹을 때 실온에 꺼내 두면 말랑해져요.

25 한과 — 율란

Recipe 30개 분량

🗄 냉장 시 3일

밤 300g, 꿀 3스푼, 계핏가루 1티스푼, 잣 17g

도구 메셔, 밀대

How to make

01 밤을 20~25분간 삶아 메셔로 으깹니다.

02 으깬 밤을 체에 내린 후 계핏가루, 꿀을 넣고 섞어 한 덩어리로 뭉쳐 줍니다.

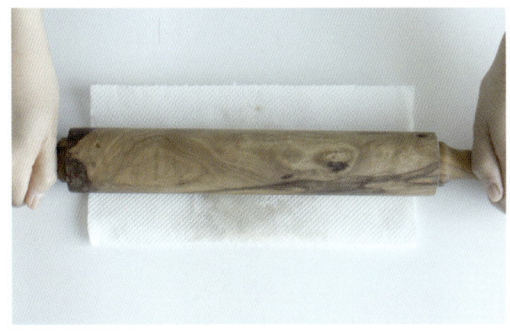

03 키친타월에 잣을 넣고 반으로 접은 후 밀대로 밀어 가루로 만듭니다.

04 2의 반죽을 적당량 떼어 밤 모양으로 빚은 후 아랫부분에 잣가루를 묻힙니다.

· 밤가루를 반죽할 때 꿀의 양은 가감합니다.
· 잣가루 대신 참깨가루나 계핏가루를 묻혀 만들어도 됩니다.

26 한과
호지차 양갱

Recipe 🍯 8개 분량
🧊 냉장 시 7일, 냉동 시 30일

백앙금 340g, 물 170g, 한천가루 4g, 호지차가루 3g
도구 하트 케이크몰드 8구

How to make

01 한천가루를 물에 15분간 불려 줍니다.

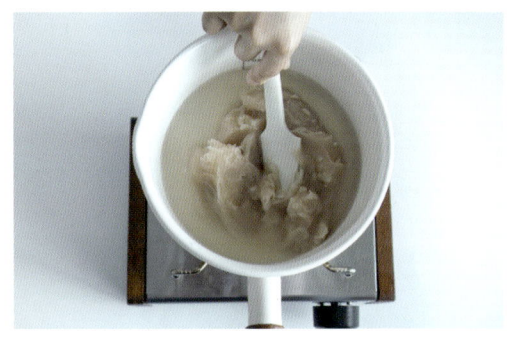

02 불린 한천물을 가열하여 끓어오르면 불을 끈 상태로 앙금을 넣고 풀어 준 후 약불에서 2~3분간 더 끓입니다.

3 호지차가루를 넣고 저어 완전히 섞이면 불을 끕니다.

04 양갱물을 체에 걸러 몰드에 담아 준 후 실온에서 30분 정도 굳힙니다.

· 양갱물을 만들 때 앙금을 넣으면 바닥에 잘 눌어붙으니 계속 저어 주세요.
· 스프레이로 몰드에 물을 뿌린 후 담으면 굳었을 때 양갱을 더욱 쉽게 뺄 수 있습니다.
· 몰드나 양갱틀이 없는 경우 유리 용기에 넣어 굳힌 후 먹기 좋게 자르면 됩니다.
· 양갱물을 붓고 몰드를 바닥에 탁탁 쳐서 기포를 제거해 주면 양갱을 매끈하게 만들 수 있습니다.

27 한과
키위편

Recipe

🎚 15개 분량

🧊 냉장 시 3일

키위 2개(160g), 물 250g, 설탕 60g, 소금 한 꼬집,
녹두물(녹두전분 30g, 물 90g)

도구 매화 3종 몰드 15구

How to make

01 키위 껍질을 제거한 후 분량의 물을 넣고 갈아 주스를 만듭니다.

02 키위주스에 녹두물을 섞어 체에 내린 후 설탕, 소금을 넣고 투명해질 때까지 끓입니다.

03 몰드에 부어 실온에서 3시간 정도 굳힙니다.

04 굳은 키위편을 몰드에서 빼 줍니다.

· 녹두물을 가열하다가 끓어오르면 약불로 줄이고 녹두전분이 익어 투명하고 걸쭉해질 때까지 끓입니다.
· 끓일 때 바닥에 눌어붙지 않도록 계속 저어 줍니다.
· 마지막에 꿀을 1스푼 첨가하면 더욱 풍미 있는 과편을 즐길 수 있습니다.
· 스프레이로 몰드에 물을 뿌린 후 담으면 굳었을 때 키위편을 더욱 쉽게 뺄 수 있습니다.
· 몰드가 없는 경우 유리 용기에 넣어 굳힌 후 먹기 좋게 자르면 됩니다.

28 한과
오미자편

Recipe

🧆 15개 분량

📕 냉장 시 3일

오미자물(건오미자 60g, 물 600g), 설탕 120g,
소금 2g, 녹두물(녹두전분 50g, 물 150g)

`도구` 미니 큐브 몰드 15구

How to make

01 깨끗이 씻은 오미자에 찬물을 넣고 하룻밤 우린 후 면포에 걸러 오미자물을 만듭니다.

02 오미자물에 녹두물, 설탕, 소금을 넣고 끓입니다.

03 끓어오르면 약불로 줄이고 투명하고 걸쭉해질 때까지 계속 저어 주며 끓입니다.

04 몰드에 부어 실온에서 3시간 정도 굳힙니다.

· 물에 녹두전분을 섞고 그대로 두면 전분이 가라앉으니 오미자물에 넣을 때 전분이 잘 섞이도록 다시 한 번 저어서 넣어 줍니다.
· 마지막에 꿀을 1스푼 첨가하면 더욱 풍미 있는 과편을 즐길 수 있습니다.
· 스프레이로 몰드에 물을 뿌린 후 담으면 굳었을 때 오미자편을 더욱 쉽게 뺄 수 있습니다.
· 몰드가 없는 경우 유리 용기에 넣어 굳힌 후 먹기 좋게 자르면 됩니다.

정과

한식 디저트

29 정과
사과정과

Recipe 사과 5개 분량
냉장 시 2주, 냉동 시 3개월

사과(홍옥 또는 홍로) 750g, 설탕 250g+α

도구 세척용 베이킹소다, 사과씨 제거기

How to make

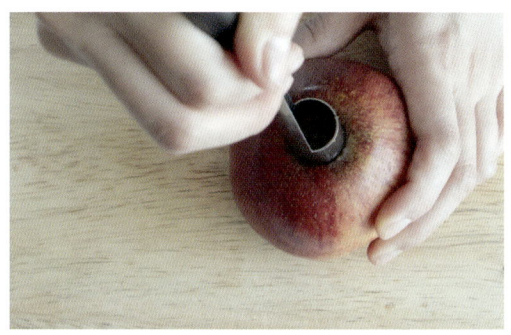

01 베이킹소다로 깨끗하게 씻은 사과의 씨를 제거하고 3~5mm 두께로 썰어 줍니다.

02 슬라이스한 사과는 갈변하지 않도록 설탕물에 담가 놓습니다.

03 사과가 투명해지면서 노란빛을 띨 때까지 5분 정도 쪄 줍니다.

04 설탕을 골고루 묻혀 말린 후 설탕을 입혀 보관합니다.

- 사과정과는 홍옥이나 홍로로 만든 것이 가장 맛이 좋습니다.
- 건조기에 넣고 60~70℃로 6시간 정도 말려 주세요. 완전히 말리는 것보다는 살짝 말랑한 것이 맛이 좋으니 건조 상태를 중간중간 확인하며 말립니다.

30 정과

오렌지 정과

Recipe

🧆 오렌지 5개 분량

📅 냉장 시 2주, 냉동 시 3개월

오렌지 1.3kg, 물 200g, 물엿 300g, 설탕 600g+α

도구 세척용 베이킹소다, 세척용 식초

How to make

01 오렌지를 베이킹소다로 깨끗하게 씻은 후 식초물에 30분간 담가 놓습니다.

02 끓는 물에 살짝 데친 후 찬물에 헹궈 줍니다.

03 오렌지를 7~8mm 두께로 자른 후 설탕을 켜켜이 뿌리고 설탕이 녹을 때까지 반나절 정도 그대로 둡니다.

04 수분이 생긴 오렌지에 물과 물엿을 넣고 가열하다가 끓어오르면 약불로 줄여 30분 정도 졸인 후 식힙니다.

05 오렌지를 졸이고 식히는 과정을 두세 번 반복한 후 시럽을 체에 걸러 말립니다.

06 말린 오렌지에 설탕을 입혀 보관합니다.

・오렌지를 데칠 때는 물에 굴리며 데쳐 줍니다.
・오렌지를 너무 얇게 썰면 말렸을 때 과육 맛이 떨어지니 두께감 있게 썰어 주세요.
・건조기에 넣고 60~70℃로 6시간 정도 말려 주세요. 완전히 말리는 것보다는 살짝 말랑한 것이 맛이 좋으니 건조 상태를 중간중간 확인하며 말립니다.

31 정과
도라지 정과

Recipe

🔲 도라지 20~30뿌리 분량

🔲 냉장 시 1개월, 냉동 시 3개월

깐 도라지 1kg, 쌀조청 1.5kg, 소금 5g, 콩가루 적당량

How to make

01 깨끗이 손질한 도라지의 뇌두를 잘라 내고 잔뿌리를 다듬은 후 소금을 넣은 물에 7~8분간 데쳐 줍니다.

02 도라지를 삶은 물은 체에 걸러 버리지 말고 놔둡니다.

03 냄비에 도라지와 조청을 넣고 도라지가 자작하게 잠길 정도로 2의 물을 부어 끓입니다.

04 물이 끓어오르면 약불로 줄이고 30분 정도 졸인 후 불을 끄고 냄비 뚜껑을 닫은 채로 완전히 식힙니다.

05 4의 과정을 3회 더 반복합니다. 도라지를 졸일 때 2의 물을 1~2컵씩 추가합니다.

06 시럽을 체에 걸러 말려 줍니다.

07 말린 도라지에 콩가루를 묻힙니다.

· 도라지를 냄비에 담을 때 머리 부분이 엇갈리게 담아 줍니다.
· 도라지를 졸일 때 주걱 등으로 심하게 뒤적거리면 도라지가 부서질 수 있으니 주의합니다.
· 건조기에 넣고 40℃로 12시간 정도 말려 주세요. 완전히 말리는 것보다는 살짝 말랑한 것이 맛이 좋으니 건조 상태를 중간중간 확인하며 말립니다.

32 정과
배오미자 정과

Recipe 배 2개 분량
냉장 시 2주, 냉동 시 3개월

배 1.2kg, 오미자물 500g, 설탕 300g+α, 물엿 200g

도구 세척용 베이킹소다

How to make

01 베이킹소다로 씻은 배를 3mm 두께로 잘라 설탕(100g)을 켜켜이 뿌리고 설탕이 녹을 때까지 반나절 정도 그대로 둡니다.

02 수분이 생긴 배를 오미자물에 넣어 붉은색으로 물들 때까지 3시간 정도 담가 놓습니다.

03 냄비에 옮겨 담아 설탕(200g)과 물엿을 넣고 가열하다가 끓어오르면 약불로 줄여 30분 정도 졸인 후 식힙니다.

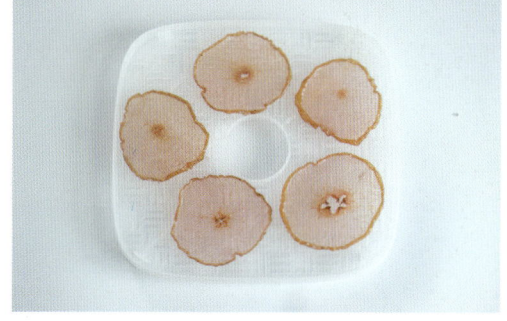

04 시럽을 체에 걸러 말린 후 설탕을 입혀 보관합니다.

- 깨끗이 씻은 오미자 50g에 찬물 500g을 넣고 하룻밤 우린 후 면포에 걸러 오미자물을 만듭니다.
- 건조기에 넣고 60~70℃로 6시간 정도 말려 주세요. 완전히 말리는 것보다는 살짝 말랑한 것이 맛이 좋으니 건조 상태를 중간중간 확인하며 말립니다.

33 정과

파인애플 정과

Recipe

📏 파인애플 1개 분량

🗓 냉장 시 2주, 냉동 시 3개월

파인애플 700g, 설탕 200g+α

How to make

01 파인애플 껍질을 제거하고 5mm 두께로 썰어 줍니다.

02 설탕을 켜켜이 뿌려 두었다가 물이 생기면 따라 냅니다.

03 2의 과정을 두세 번 반복한 후 체에 밭쳐 설탕물을 거릅니다.

04 파인애플을 말린 후 설탕을 입혀 보관합니다.

· 건조기에 넣고 60~70℃로 6시간 정도 말려 주세요. 완전히 말리는 것보다는 살짝 말랑한 것이 맛이 좋으니 건조 상태를 중간중간 확인하며 말립니다.

34 정과
단호박 정과

Recipe

🏺 단호박 1개 분량

🗄 냉장 시 2주, 냉동 시 3개월

단호박 500g, 물 300g, 물엿 150g, 설탕 150g

도구 세척용 베이킹소다

How to make

01 단호박을 베이킹소다로 깨끗하게 씻은 후 전자레인지에 3분간 돌립니다.

02 단호박을 반으로 갈라 속을 파내 씨를 제거하고 5~7mm 두께로 잘라 준비합니다.

03 물, 물엿, 설탕을 넣고 끓여 만든 시럽에 단호박을 넣고 약불에서 3분 정도 졸인 후 식힙니다.

04 당침한 단호박을 건조판 위에 올려 시럽을 뺀 후 말립니다.

- 설탕을 가열할 때 녹기 전에 저으면 결정이 생기니 젓지 않고 끓입니다.
- 단호박은 잘 부서지니 뒤적이지 않고 그대로 시럽에 졸입니다.
- 건조기에 넣고 60~70℃로 6시간 정도 말려 주세요. 완전히 말리는 것보다는 살짝 말랑한 것이 맛이 좋으니 건조 상태를 중간중간 확인하며 말립니다.

35 정과
당근정과

Recipe 당근 2개 분량

냉장 시 2주, 냉동 시 3개월

당근 200g, 물 120g, 물엿 60g, 설탕 60g, 꿀 15g, 소금 2g

장식 검은깨 적당량
도구 감꽃 고명틀(지름 2.5cm, 3cm)

How to make

01 깨끗이 손질한 당근을 3mm 두께로 잘라 고명틀로 찍어 꽃 모양으로 만들어 줍니다.

02 소금을 넣고 물에 살짝 데쳐 찬물에 헹군 후 분량의 물, 물엿, 설탕을 넣고 끓입니다.

03 끓기 시작하면 약불로 놓고 졸이다가 거의 다 졸여졌을 때쯤 꿀을 넣은 후 불을 끄고 식혀 줍니다.

04 시럽을 체에 걸러 말린 후 검은깨로 장식합니다.

- 설탕을 가열할 때 녹기 전에 저으면 결정이 생기니 젓지 않고 끓입니다.
- 건조기에 넣고 50~60℃로 6시간 정도 말려 주세요. 완전히 말리는 것보다는 살짝 말랑한 것이 맛이 좋으니 건조 상태를 중간중간 확인하며 말립니다.

36 정과
생강정과

Recipe

🍯 생강 12톨 분량

🗄 냉장 시 6개월

깐 생강 250g, 설탕 150g

How to make

01 깨끗이 씻은 생강의 껍질을 수저로 긁어 벗겨 냅니다.

02 생강을 1~2mm 두께로 얇게 편 썰어 찬물에 하룻밤 담가 둡니다.

03 찬물에 담가 두었던 생강을 끓는 물에 10분간 데쳐 헹군 후 설탕을 넣고 중불에 가열합니다.

04 설탕이 녹으면 약불로 줄이고 (설탕이 다시 결정이 생겨 생강에 붙을 때까지) 30분 정도 계속 뒤적여 줍니다.

- 생강의 매운맛을 약하게 만들고 싶은 경우 생강을 데치고 헹구는 과정을 두세 번 반복합니다.
- 생강에 설탕을 넣고 가열할 때 계속 뒤적여야 설탕 결정도 빨리 생기고 생강이 타지 않습니다.
- 생강이 쉽게 타지 않도록 바닥이 두꺼운 팬을 사용하는 것이 좋습니다.

쌀빵 & 쌀케이크

한식 디저트

- 버터, 달걀, 우유, 크림치즈는 실온에 미리 꺼내 둔 것을 사용합니다.
- 레시피에 사용한 식용유는 포도씨유 등 향이 없는 기름으로 대체할 수 있습니다.
- 오븐 기종에 따라서 온도와 시간이 달라질 수 있으니 사용하는 오븐에 따라 온도, 시간을 조절해 주세요.

37 쌀빵 & 쌀케이크
찹쌀와플

Recipe 🍳 6개 분량

🧊 실온에서 2일, 냉동 시 1개월

건식 찹쌀가루 270g, 달걀 75g, 설탕 45g, 우유 180g,
녹인 버터 45g, 소금 3g, 베이킹파우더 4g,
바닐라 익스트랙 2g, 코코아가루 1스푼, 바질 1/2스푼

How to make

01 믹싱볼에 찹쌀가루, 베이킹파우더, 소금을 체쳐 넣고 설탕과 풀어 둔 달걀을 넣어 줍니다.

02 우유, 녹인 버터, 바닐라 익스트랙을 넣고 반죽이 잘 섞이도록 저어 줍니다.

03 반죽을 그릇 3개에 나누어 담고 2개의 그릇에는 각각 코코아가루와 바질을 넣고 섞어 줍니다.

04 와플기에 반죽 1스쿱을 올려 구워 줍니다.

38 쌀빵 & 쌀케이크
감자빵

Recipe

🧂 14개 분량

📦 실온에서 1일, 냉동 시 2주

반죽재료 타피오카전분 200g, 파인소프트-C 40g, 파인소프트-202 40g, 강력쌀가루 15g, 우유 200g, 달걀 1개, 버터 60g, 식용유 30g, 물엿 30g, 소금 2g

속재료 으깬 감자 400g, 다진 양파 80g, 마요네즈 50g, 설탕 25g, 버터 15g

콩가루 5스푼, 흑임자가루 5스푼

How to make

01 믹싱볼에 분량의 반죽재료를 넣고 손반죽하여 한 덩어리로 만든 후 냉장고에 넣어 30분간 휴지시킵니다.

02 으깬 감자에 다진 양파, 마요네즈, 설탕, 버터를 넣고 속재료를 만들어 40g씩 소분합니다.

03 휴지시킨 반죽을 45g씩 소분한 후 속재료를 넣고 감자 모양으로 만듭니다.

04 콩가루와 흑임자가루를 섞어 감자 반죽 위에 입혀 160℃로 예열한 오븐에 15분간 구워 줍니다.

• 감자는 센 불에서 5분, 중불로 20분 정도 찐 후 껍질을 벗기고 으깨 준비합니다.

39 쌀빵 & 쌀케이크
고구마빵

Recipe 　14개 분량

실온에서 1일, 냉동 시 2주

반죽재료 타피오카전분 200g, 파인소프트-C 40g, 파인소프트-202 40g, 강력쌀가루 15g, 우유 200g, 달걀 1개, 버터 60g, 식용유 30g, 물엿 30g, 소금 2g,
속재료 으깬 고구마 500g, 꿀 30g, 버터 30g
자색고구마가루 6스푼, 콩가루 4스푼

How to make

01 믹싱볼에 분량의 반죽재료를 넣고 손반죽하여 한 덩어리로 만든 후 냉장고에 넣어 30분간 휴지시킵니다.

02 으깬 고구마에 꿀, 버터를 넣고 속재료를 만들어 40g씩 소분합니다.

03 휴지시킨 반죽을 45g씩 소분한 후 속재료를 넣고 고구마 모양으로 만듭니다.

04 자색고구마가루와 콩가루를 섞어 고구마 반죽 위에 입혀 160℃로 예열한 오븐에 15분간 구워 줍니다.

・고구마는 센 불에서 10분, 중약불로 20분 정도 찐 후 껍질을 벗기고 으깨 준비합니다.

40 쌀빵 & 쌀케이크
찰꿀빵

Recipe 🔲 8개 분량

🔲 실온에서 2일, 냉동 시 2주

건식 찹쌀가루 230g, 강력쌀가루 60g, 달걀 1개, 우유 210g, 꿀 100g, 설탕 60g, 포도씨유 60g, 베이킹소다 5g, 소금 3g, 단호박가루 2스푼

장식 단호박, 호박씨, 크랜베리 적당량

도구 오발틀(1구당 7.5×5×3.5cm)

How to make

01 달걀, 설탕, 꿀, 포도씨유, 우유를 넣고 잘 섞어 줍니다.

02 찹쌀가루, 강력쌀가루, 베이킹소다, 소금, 단호박가루를 넣고 체에 내려 섞은 후 냉장고에 넣어 40분간 휴지시킵니다.

03 반죽을 짤주머니나 지퍼백에 담아 몰드의 70~80% 정도 채웁니다.

04 단호박, 호박씨, 크랜베리를 올린 후 170℃로 예열한 오븐에 15분간 구워 줍니다.

- 단호박은 전자레인지에 3분간 돌려 살짝 익힌 후 잘라 토핑으로 올려 주세요.
- 찰꿀빵은 완전히 식힌 후 먹어야 기름맛이 빠져 더 맛있습니다.

41 쌀빵 & 쌀케이크
찜쌀 카스텔라

Recipe

- 10조각 분량
- 냉장 시 5일

습식 멥쌀가루 50g, 달걀 3개, 백앙금 200g, 설탕 30g, 바닐라 익스트랙 2g, 새싹보리가루 1스푼, 단호박가루 2티스푼

도구 핸드 믹서, 파운드틀(21.55×9.55×6.3cm), 유산지

How to make

01 달걀흰자와 노른자를 분리합니다.

02 앙금에 달걀노른자와 쌀가루를 넣고 잘 섞어 줍니다.

03 앙금 반죽을 그릇 2개에 나누어 담고 각각 새싹보리가루와 단호박가루를 체 쳐 넣어 줍니다.

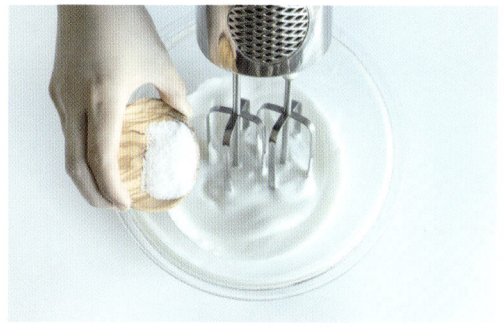

04 달걀흰자에 설탕을 조금씩 넣으며 휘핑하여 머랭을 만든 후 1/2씩 나눕니다.

05 1/2 머랭에서 조금 덜어 낸 머랭을 단호박 반죽에 넣고 섞어 줍니다.

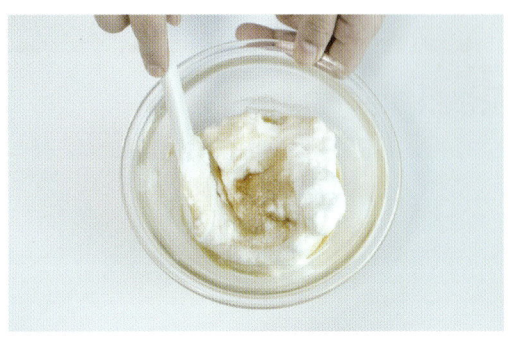

06 단호박 반죽에 남은 1/2 머랭과 바닐라 익스트랙을 넣고 섞어 줍니다.

07 새싹보리 반죽도 5~6 과정과 같이 만들어 짤주머니 또는 지퍼백에 담아 준비합니다.

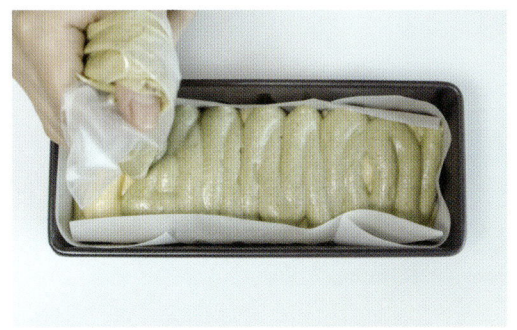

08 파운드틀에 유산지를 깔고 단호박 반죽과 새싹보리 반죽을 담은 후 15분간 찝니다.

- 머랭 치는 법: 흰자의 거품이 올라올 때까지 저속으로 풀어 준 후 설탕을 세 번에 나누어 넣으며 중속으로 설탕을 녹여 줍니다. 설탕이 녹으면 고속으로 올려 부드러운 뿔이 올라올 때까지 돌린 후 저속으로 1분 정도 안정화시켜 줍니다.

42

쌀빵 & 쌀케이크

제누아즈

Recipe

🎂 1호 케이크 분량

🧊 실온에서 2~3일, 냉동 시 2주

박력쌀가루 100g, 달걀 150g, 바닐라설탕 90g, 우유 20g, 포도씨유 20g, 베이킹파우더 3g, 소금 1g

도구 핸드 믹서, 온도계, 원형 케이크틀 1호(지름 15cm), 유산지

How to make

01 박력쌀가루, 베이킹파우더, 소금을 체에 내립니다.

02 우유에 포도씨유를 넣고 50~60℃로 중탕합니다.

03 달걀에 바닐라설탕을 넣고 섞은 후 38℃로 중탕합니다.

04 중탕한 달걀을 중속으로 휘핑합니다.

05 휘핑 자국이 선명해지기 시작하면 반죽을 떨어뜨려 보고 금방 사라지지 않으면 저속으로 1~2분간 기포를 정리합니다.

06 체 친 가루류를 넣어 줍니다.

07 스패출러를 바닥에서 위쪽으로 들어 올리며 가루가 보이지 않을 정도로만 섞어 줍니다.

08 반죽을 조금 덜어 중탕해 둔 우유에 섞어 줍니다.

09 8의 반죽을 본 반죽과 합칩니다.

10 팬에 반죽을 담고 바닥 쪽으로 두세 번 탁탁 쳐서 기포를 뺀 후 170℃로 예열한 오븐에 25분간 구워 줍니다.

- 바닐라설탕 대신 일반 설탕을 넣고 바닐라 익스트랙 3g을 추가해도 됩니다.

43

쌀빵 & 쌀케이크

바스크 치즈케이크

Recipe

🧁 1호 케이크 분량

🗓 냉장 시 5일

크림치즈 350g, 동물성 생크림 180g, 달걀 85g, 설탕 80g, 옥수수전분 10g, 바닐라 익스트랙 3g

`도구` 원형 케이크팬 1호(지름 15cm), 유산지 또는 종이 포일

How to make

01 크림치즈를 덩어리지지 않게 충분히 풀어 준 후 설탕과 옥수수전분을 넣고 설탕이 녹을 때까지 저어 줍니다.

02 달걀을 멍울 없이 풀어 세 번에 나누어 넣고 섞어 줍니다.

03 바닐라 익스트랙과 생크림을 넣고 섞어 줍니다.

04 팬에 담고 바닥 쪽으로 두세 번 탁탁 쳐서 기포를 뺀 후 240℃로 예열한 오븐에 25분간 구워 줍니다.

- 크림치즈, 달걀, 생크림은 실온에 꺼내 둔 것을 사용합니다.
- 온도가 240℃까지 올라가지 않는 오븐의 경우 220℃로 35~40분간 구워 줍니다.
- 케이크를 실온에서 식힌 후 냉장고에 넣어 차갑게 해서 드세요. 팬은 케이크를 완전히 식힌 후 분리합니다.

44 쌀빵 & 쌀케이크
당근 케이크

Recipe

 4조각 분량

냉장 시 3일

박력쌀가루 150g, 당근 150g, 달걀 3개,
유기농설탕 60g, 백설탕 60g, 포도씨유 80g,
계핏가루 3g, 베이킹파우더 5g, 소금 2g,
바닐라 익스트랙 2g, 다진 피칸 30g
크림 크림치즈 120g, 생크림 80g, 설탕 25g

장식 피스타치오 분태 적당량

도구 정사각팬 2호(16.5×4.5cm), 유산지, 핸드 믹서,
1A번 깍지

How to make

01 당근을 채칼에 갈아 준비합니다.

02 달걀에 백설탕과 유기농설탕을 넣고 섞어 줍니다.

03 포도씨유와 바닐라 익스트랙을 넣어 줍니다.

04 박력쌀가루, 계핏가루, 베이킹파우더, 소금을 체에 내려 섞어 줍니다.

05 갈아 둔 당근과 다진 피칸을 넣고 섞어 줍니다.

06 유산지를 깐 팬에 반죽을 담고 바닥 쪽으로 두세 번 탁탁 쳐서 기포를 뺀 후 165℃로 예열한 오븐에 50분간 구워 줍니다.

07 부드럽게 푼 크림치즈에 설탕, 생크림을 넣고 휘핑하여 크림을 만든 후 깍지를 끼운 짤주머니에 담아 준비합니다.

08 당근케이크를 4조각으로 자른 후 크림을 올리고 피스타치오 분태로 장식합니다.

45 쌀빵 & 쌀케이크
단호박 크럼블 케이크

Recipe

🏮 8조각 분량

📅 냉장 시 3일, 냉동 시 2주

크럼블 박력쌀가루 25g, 버터 30g, 설탕 35g,
콩가루 20g, 소금 1g
단호박파운드 박력쌀가루 85g, 달걀 2개, 버터 105g,
크림치즈 85g, 설탕 90g, 단호박가루 15g,
베이킹파우더 4g, 소금 1g, 바닐라 익스트랙 3g

도구 파운드틀(21.5×9.5×6.3cm)

How to make

01 크럼블: 박력쌀가루, 콩가루, 소금을 체 쳐 넣고 설탕을 섞어 줍니다.

02 크럼블: 버터를 넣고 손으로 뭉치며 반죽합니다.

03 크럼블: 버터가 완전히 녹아 섞이면 포슬포슬한 소보로를 만들어 냉장고에 넣어 둡니다.

04 단호박파운드: 부드럽게 푼 버터에 설탕을 섞어 줍니다.

05 단호박파운드: 크림치즈를 넣고 잘 섞어 줍니다.

06 단호박파운드: 달걀을 풀어 조금씩 나누어 넣고 섞은 후 바닐라 익스트랙을 넣어 줍니다.

07 단호박파운드: 박력쌀가루, 단호박가루, 베이킹파우더, 소금을 체 쳐 넣고 섞어 줍니다.

08 버터를 바른 틀에 단호박파운드 반죽을 담고 크럼블을 올린 후 170℃로 예열한 오븐에 45분간 구워 줍니다.

46 쌀빵 & 쌀케이크
녹차 쉬폰케이크

Recipe

🍰 2호 쉬폰케이크 분량

🧊 냉장 시 3일, 냉동 시 2주

박력쌀가루 90g, 달걀노른자 4개(85g), 설탕 40g, 우유 50g, 포도씨유 45g, 녹차가루 10g, 소금 1g, 베이킹파우더 3g, 바닐라 익스트랙 3g
머랭 달걀흰자 4개(150g), 설탕 60g

도구 핸드 믹서, 쉬폰팬 2호(18×8cm)

How to make

01 달걀흰자와 노른자를 분리합니다.

02 달걀노른자에 설탕을 섞어 줍니다.

03 포도씨유, 우유, 바닐라 익스트랙을 넣어 줍니다.

04 박력쌀가루, 녹차가루, 베이킹파우더, 소금을 체에 내려 섞어 줍니다.

05 달걀흰자에 설탕을 조금씩 넣으며 휘핑하여 머랭을 만듭니다.

06 머랭을 조금 덜어 내어 녹차 반죽에 넣고 섞은 후 남은 머랭을 전부 합칩니다.

07 스프레이로 쉬폰틀 안쪽에 물을 뿌려 줍니다.

08 틀에 반죽을 담고 바닥 쪽으로 두세 번 탁탁 쳐서 기포를 뺀 후 170℃로 예열한 오븐에 35분간 구워 줍니다.

- 달걀노른자, 우유는 실온에 꺼내 둔 것을 사용합니다.
  달걀흰자는 분리하여 냉장고에 넣어 두었다가 사용합니다.
- 머랭 치는 법: 흰자의 거품이 올라올 때까지 저속으로 풀어 준 후 설탕을 세 번에 나누어 넣으며 중속으로 설탕을 녹여 줍니다. 설탕이 녹으면 고속으로 올려 부드러운 뿔이 올라올 때까지 돌린 후 저속으로 1분 정도 안정화시켜 줍니다.
- 케이크가 구워지면 오븐에서 꺼낸 팬을 바닥에 떨어뜨려 쇼크를 준 후 뒤집어서 식혀 줍니다.

47 쌀빵 & 쌀케이크

흑임자 마들렌

Recipe 🧈 6개 분량

🧊 냉장 시 3일, 냉동 시 2주

박력쌀가루 45g, 달걀 1개, 우유 8g, 설탕 50g, 꿀 5g, 녹인 버터 50g, 흑임자가루 6g, 베이킹파우더 3g, 흑임자 초콜릿(코팅용 화이트 초콜릿 100g, 흑임자가루 5g)

도구 마들렌틀 6구(26.3×18.3cm)

How to make

01 틀에 버터를 바르고 덧가루를 체 쳐서 뿌린 후 냉장고에 넣어 놓습니다.

02 믹싱볼에 달걀을 넣고 풀어 준 후 우유, 설탕, 꿀을 섞어 줍니다.

03 박력쌀가루, 흑임자가루, 베이킹파우더를 체 쳐 넣어 줍니다.

04 녹인 버터를 넣고 섞어 줍니다.

05 반죽을 냉장고에 넣어 1시간 동안 휴지시킵니다.

06 휴지시킨 반죽을 짤주머니에 담아 틀의 90% 정도 채운 후 180℃로 예열한 오븐에 12분간 구워 줍니다.

07 중탕으로 녹인 화이트 초콜릿에 흑임자가루를 섞어 줍니다.

08 틀에 흑임자 초콜릿을 나누어 넣어 줍니다.

09 흑임자 초콜릿 위에 마들렌을 올리고 냉장고에 넣어 10분 정도 굳힙니다.

- 초콜릿을 중탕할 때 물이 들어가지 않도록 주의합니다.
- 초콜릿이 금방 굳으니 틀에 나누어 넣은 후 마들렌을 올리는 작업을 빠르게 해 주세요.

48 쌀빵 & 쌀케이크
초코 브라우니

Recipe 🍯 6개 분량

📦 실온에서 2일, 냉동 시 2주

건식 찹쌀가루 150g, 다크 초콜릿 100g,
코코아가루 20g, 우유 180g, 설탕 50g, 포도씨유 20g,
소금 2g, 베이킹파우더 3g, 바닐라 익스트랙 2g

도구 구겔호프 6구 실리콘 몰드(30×17.5cm), 오븐팬

How to make

01 중탕으로 녹인 초콜릿에 포도씨유, 설탕을 넣고 섞어 줍니다.

02 찹쌀가루, 코코아가루, 베이킹파우더, 소금을 체에 내려 넣어 줍니다.

03 우유를 조금씩 나누어 넣으며 섞고 바닐라 익스트랙을 첨가합니다.

04 반죽을 짤주머니 또는 지퍼백에 담아 몰드의 70~80% 정도 채운 후 160℃로 예열한 오븐에 25분간 구워 줍니다.

· 초콜릿을 중탕할 때 물이 들어가지 않도록 주의합니다.

49 팥보틀 케이크

쌀빵 & 쌀케이크

Recipe

🍰 2개 분량

🧊 냉장 시 5일

1호 슬라이스 제누아즈 2장, 생크림 150g, 팥앙금 100g, 설탕 시럽(물 100g, 설탕 50g)

`장식` 데코스노우 적당량, 데이지 초콜릿 2개

`도구` 핸드 믹서, 원형 쿠키 케이스(7×9.5cm) 2개

How to make

01 생크림에 팥앙금을 넣고 휘핑하여 팥크림을 만듭니다.

02 제누아즈를 원형 쿠키 케이스로 찍어 4장의 시트를 준비합니다.

3 케이스에 시트를 넣고 설탕 시럽을 바른 후 팥크림을 채웁니다.

04 시트와 크림을 교대로 넣고 채운 후 데코스노우와 데이지 초콜릿으로 장식합니다.

- 물과 설탕을 넣고 시럽을 끓일 때 설탕이 녹기 전에 저으면 결정이 생기니 젓지 않고 끓입니다.
- 팥크림은 짤주머니나 지퍼백에 담아 넣어 짜 줍니다.
- 제누아즈 만드는 법은 제누아즈(p. 131) 레시피를 참고해 주세요.

50 쌀빵 & 쌀케이크

홍국쌀 머핀

Recipe 🍳 5개 분량
📦 냉장 시 3일, 냉동 시 2주

박력쌀가루 130g, 홍국쌀가루 20g, 달걀 1개, 설탕 120g, 우유 135g, 버터 100g, 소금 1g, 베이킹파우더 5g, 레몬즙 5g, 바닐라 익스트랙 3g
크림 생크림 150g, 크림치즈 40g, 설탕 35g, 코코아가루 15g
도구 실리콘 머핀 빵틀 5개, 머핀컵 5개, 오븐팬, 핸드 믹서, 195번 깍지

How to make

01 버터에 설탕을 넣고 섞어 줍니다.

02 달걀을 풀어 조금씩 나누어 넣으며 섞고 바닐라 익스트랙을 첨가합니다.

03 박력쌀가루, 홍국쌀가루, 베이킹파우더, 소금을 체에 내려 넣어 줍니다.

04 레몬즙을 넣은 우유를 조금씩 나누어 넣으며 섞어 줍니다.

05 머핀컵을 깐 틀에 반죽을 80% 정도 채운 후 165℃로 예열한 오븐에 20분간 구워 줍니다.

06 크림치즈에 설탕, 코코아가루를 차례대로 섞고 생크림을 넣어 휘핑한 후 깍지를 끼운 짤주머니에 담아 머핀 위에 올립니다.

쌀쿠키 외

한식 디저트

- 버터, 달걀은 실온에 미리 꺼내 둔 것을 사용합니다.
- 레시피에 사용한 식용유는 포도씨유 등 향이 없는 기름으로 대체할 수 있습니다.
- 오븐 기종에 따라서 온도와 시간이 달라질 수 있으니 사용하는 오븐에 따라 온도, 시간을 조절해 주세요.

51 쌀쿠키 외
상투과자

Recipe 🍳 50개 분량
🗓 실온에서 7일, 냉동 시 1개월

백앙금 500g, 아몬드가루 50g, 달걀노른자 1개,
우유 20g, 비트가루 1티스푼, 녹차가루 1티스푼

도구 195번 깍지, 테프론시트 또는 유산지, 오븐팬

How to make

01 앙금에 달걀노른자와 우유를 넣고 스패출러로 잘 섞어 줍니다.

02 아몬드가루를 체 쳐 넣고 섞어 줍니다.

03 그릇 3개에 나누어 담고 2개의 그릇에 각각 비트가루와 녹차가루를 체 쳐 넣고 섞어 색반죽을 만듭니다.

04 깍지를 끼운 짤주머니에 반죽을 담아 테프론시트를 깐 팬 위에 짠 후 165℃로 예열한 오븐에 20분간 구워 줍니다.

• 반죽이 되직한 경우 우유를 추가하여 농도를 조절해 주세요.

52 쌀쿠키 외
버터쿠키

Recipe

🍳 10개 분량

❄️ 실온에서 7일, 냉동 시 1개월

박력쌀가루 150g, 달걀 1개, 버터 100g,
아몬드가루 50g, 슈가파우더 80g, 전지분유 20g,
소금 1g, 바닐라 익스트랙 2g

도구 토끼 모양 쿠키커터, 밀대,
테프론시트 또는 유산지, 오븐팬

How to make

01 버터에 풀어 둔 달걀을 넣고 크림 상태가 될 때까지 섞은 후 바닐라 익스트랙을 첨가합니다.

02 박력쌀가루, 아몬드가루, 슈가파우더, 전지분유, 소금을 체에 내린 후 스패출러로 가르듯이 섞어 줍니다.

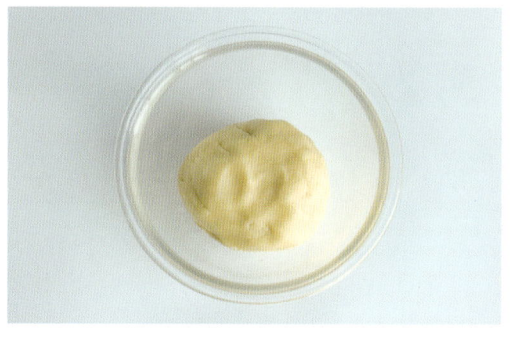

03 반죽이 몽글몽글 뭉쳐지면 손반죽하여 한 덩어리로 만들어 냉장고에서 1시간 동안 휴지시킵니다.

04 덧가루를 뿌리고 반죽을 밀대로 5~6mm 정도 밀어 펴서 쿠키 커터로 찍은 후 테프론시트를 깐 팬에 올려 170℃로 예열한 오븐에 15분간 구워 줍니다.

53 쌀쿠키 외

홍차 스쿱쿠키

Recipe

🧭 10~11개 분량

🧊 실온에서 7일, 냉동 시 1개월

박력쌀가루 180g, 버터 160g, 아몬드가루 30g, 슈가파우더 80g, 홍차(얼그레이)가루 6g, 소금 2g, 바닐라 익스트랙 3g, 초콜릿 청크 적당량

도구 아이스크림 스쿱, 테프론시트 또는 유산지, 오븐팬

How to make

01 버터를 부드럽게 풀어 슈가파우더를 넣고 섞은 후 바닐라 익스트랙을 첨가합니다.

02 박력쌀가루, 아몬드가루, 홍차가루, 소금을 체에 내린 후 스패출러로 가르듯이 섞어 줍니다.

03 반죽을 손반죽하여 한 덩어리로 만든 후 아이스크림 스쿱으로 1스쿱씩 뜹니다.

04 초콜릿 청크를 군데군데 박아 테프론시트를 깐 팬에 올린 후 160℃로 예열한 오븐에 15분간 구워 줍니다.

54 쌀쿠키 외

오트밀 크랜베리 쿠키

Recipe

🍳 9개 분량

📦 실온에서 7일, 냉동 시 1개월

박력쌀가루 55g, 오트밀 150g, 크랜베리 50g,
우유 40g, 마스코바도 설탕 60g, 포도씨유 50g,
소금 2g

도구 테프론시트 또는 유산지, 오븐팬

How to make

01 체 친 박력쌀가루에 오트밀, 설탕, 소금을 넣고 섞어 줍니다.

02 포도씨유를 넣어 줍니다.

03 우유와 크랜베리를 넣고 섞어 줍니다.

04 약 45g씩 떠서 테프론시트를 깐 팬에 올린 후 180℃로 예열한 오븐에 15분간 구워 줍니다.

55 쌀쿠키 외
쌀푸딩

Recipe  디저트컵 3~4개 분량
냉장 시 3일

쌀 100g, 우유 400g, 동물성 생크림 400g, 물 60g,
설탕 10g, 소금 2g, 바닐라 익스트랙 2g

토핑 계핏가루, 꿀, 아몬드 슬라이스,
피스타치오 분태 적당량

How to make

01 냄비에 쌀, 설탕, 소금, 물, 우유(300g)을 넣고 끓입니다.

02 끓어오르면 약불로 15분 정도 졸인 후 우유(100g)와 바닐라 익스트랙을 넣고 3분 더 끓입니다.

03 차가워질 때까지 냉장 보관해 두었다가 생크림을 섞어 줍니다.

04 그릇에 나누어 담고 계핏가루, 꿀, 아몬드 슬라이스, 피스타치오 분태를 토핑으로 올립니다.

56 쌀쿠키 외
마스카포네 치즈

Recipe 약 250g 분량
냉장 시 5일

동물성 생크림 500g, 레몬즙 2스푼

How to make

01 생크림을 가열하여 보글보글 끓기 시작하면 레몬즙을 넣고 약불에서 5분간 끓입니다.

02 크림이 주걱에 두껍게 묻어나면 불을 끄고 식힙니다.

03 넓은 볼에 채반을 놓고 면포를 깐 후 식힌 크림을 부어 줍니다.

04 면포를 묶어 냉장고에 하루 정도 보관하여 유청을 뺀 후 용기에 담아 보관합니다.

57 쌀쿠키 외
연유 흑임자

Recipe 25개 분량
🗄 냉장 시 5일

연유 200g, 흑임자가루 100g+α

도구 사각 무스링(15cm)

How to make

01 따뜻한 연유에 흑임자가루를 넣고 섞어 줍니다.

02 무스링에 랩을 깔고 흑임자가루를 뿌린 후 반죽을 담아 줍니다.

03 스패출러로 평평하게 채운 후 냉장고에서 1시간 정도 굳힙니다.

04 적당한 크기로 자르고 흑임자가루를 묻힙니다.

· 흑임자는 깨끗하게 헹궈 깨가 튀는 소리가 날 때까지 볶아 수분을 날린 후 믹서에 갈아 줍니다.
· 흑임자가루를 연유에 섞을 때 체 쳐서 넣으면 더욱 부드러운 식감으로 만들 수 있습니다.

58 쌀쿠키 외

딸기 아이스크림

Recipe

🍧 6스쿱 분량

❄ 냉동 시 2개월

동물성 생크림 400g, 연유 80g, 냉동 딸기 200g

도구 핸드 믹서, 파운드틀(21.5×9.5×6.3cm)

How to make

01 생크림을 휘핑하여 거품을 올립니다.

02 연유를 넣고 부드러운 뿔이 생길 정도로 휘핑합니다.

03 딸기를 잘라 넣고 섞어 줍니다.

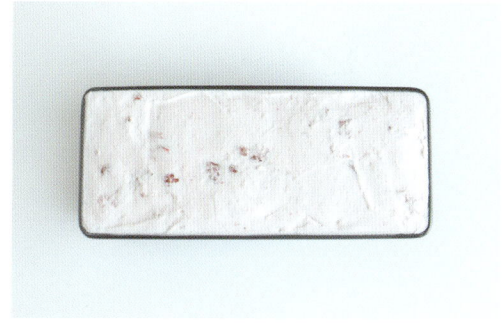

04 틀에 담아 냉동실에 8시간 이상 얼립니다.

59 쌀쿠키 외
쑥 티라미수

Recipe 🍳 4개 분량
🧊 냉장 시 3일

카스텔라 1개, 마스카포네치즈 200g,
동물성 생크림 350g, 설탕 35g, 쑥가루 10g,
쑥 시럽(물 50g, 설탕 10g, 쑥가루 3g)
토핑 카스텔라 조각, 쑥가루, 식용 금가루 적당량
도구 핸드 믹서, 티라미수 용기(12.5×8×4cm)

How to make

01 물에 설탕, 쑥가루를 넣고 끓여 쑥 시럽을 만들어 식힙니다.

02 생크림에 마스카포네치즈, 설탕, 쑥가루를 넣고 휘핑하여 쑥 크림을 만듭니다.

03 카스텔라의 갈색 부분을 잘라 내고 작게 썰어 준비합니다.

04 티라미수 용기에 카스텔라 조각을 담고 쑥 시럽을 바릅니다.

05 짤주머니 또는 지퍼백에 담은 쑥 크림을 용기에 채웁니다.

06 스패출러로 윗면을 평평하게 정리합니다.

07 쑥가루를 체에 내려 뿌려 줍니다.

08 카스텔라 조각, 식용 금가루로 장식합니다.

- 물과 설탕을 넣고 시럽을 끓일 때 설탕이 녹기 전에 저으면 결정이 생기니 젓지 않고 끓입니다.
- 마스카포네치즈 만드는 법은 마스카포네치즈(p. 166) 레시피를 참고해 주세요.

음청류

한식 디저트

- 열탕 소독한 유리병에 담아 보관해 주세요.
- 열탕 소독법: 냄비에 찬물을 담고 내열 유리병을 거꾸로 세워 5분 정도 끓인 후 건져 물기를 말려 사용합니다.

음청류는 술 이외의 기호성 음료를 총칭합니다. 우리 선조들은 계절에 따라 자연에서 나는 열매, 꽃, 약재 등으로 음료를 만들어 다양한 방식으로 음용해 왔습니다.

식혜
멥쌀 또는 찹쌀밥에 엿기름물을 넣고 삭힌 물에 설탕, 생강을 넣고 끓인 것으로 감주라고도 합니다. 이 책에서는 보리식혜 만드는 법을 소개했습니다.

화채
과일과 꽃을 썰어 꿀이나 설탕에 재워 두었다가 오미자물이나 꿀물에 띄워서 마시는 음료입니다. 이 책에서는 창면과 배숙 만드는 법을 소개했습니다.

갈수
과일즙에 한약재를 가루로 만들어 넣고 달이거나 한약재에 누룩 등을 넣고 꿀과 함께 달여 물에 타서 마시는 음료입니다. 이 책에서는 오미갈수, 포도갈수 만드는 법을 소개했습니다.

숙수
향약초를 달여 향기를 우려 마시는 것과 한약재 가루에 꿀과 물을 넣고 끓여 마시는 것이 있습니다. 숭늉도 숙수에 속하며, 그밖에 율추숙수, 정향숙수 등이 있습니다.

밀수
재료를 꿀물에 타서 마시거나 띄워서 마시는 음료입니다. 이 책에서는 곶감수정과, 보리수단, 원소병 만드는 법을 소개했습니다.

미수
곡물을 쪄서 말리고 볶아 가루로 만들어 꿀물에 타서 마시는 음료로 찹쌀미수, 보리미수 등이 있습니다.

차
재료를 물에 우리거나 달여서 마시는 음료로 과일 등을 얇게 썰어 설탕이나 꿀에 재었다가 뜨거운 물에 타서 마시기도 합니다. 이 책에서는 사과생강차 만드는 법을 소개했습니다.

탕
향약초, 과일 등을 꿀과 함께 졸여 두고 물에 타서 마시는 음료입니다. 이 책에서는 봉수탕, 대추탕 만드는 법을 소개했습니다.

장
향약 재료나 과실 등을 침양하여 마시는 것으로 유자장, 모과장 등이 있습니다.

60 음청류
보리식혜

Recipe 10잔 분량
 냉장 시 3일

보리엿기름 200g, 물 3kg,
보리밥(찰보리 150g, 물 200g),
설탕 200g, 생강 2조각, 소금 1/2티스푼

How to make

01 면포나 다시백에 엿기름을 넣고 물에 1시간 이상 불립니다.

02 불린 엿기름을 30~40회 손으로 주물러 뽀얀 물을 낸 후 6시간 동안 그대로 두어 앙금을 가라앉힙니다.

03 보리를 10~15분간 삶은 후 밥을 짓습니다.

04 보리밥에 엿기름물을 윗물만 넣고 보온 기능으로 4시간 정도 삭힙니다.

05 밥알이 8개 정도 떠오르면 밥알을 따로 건져 놓은 후 식혜물에 설탕, 소금, 생강을 넣고 5분간 끓입니다.

06 보리밥알과 식혜물을 따로 용기에 담아 두었다가 먹을 때 밥알을 섞어 마십니다.

- 삭힐 때 설탕을 2스푼 정도 넣으면 시간을 단축할 수 있습니다.
- 삭히는 시간은 4시간을 정확하게 맞추는 것보다 3시간 정도 지났을 때 중간중간 밥알이 뜨는지 확인하며 시간을 조절해 주는 것이 좋습니다. 너무 오래 삭히면 신맛이 나니 주의해 주세요.
- 보리밥알과 식혜물을 함께 담아 보관해도 괜찮지만, 여름에는 밥이 빨리 상할 수 있으니 따로 보관하는 것을 추천합니다. 분리하여 보관하는 경우 밥알은 찬물에 헹궈 물기를 뺀 후 보관해 주세요.

61

음청류
곶감수정과

Recipe

📏 10잔 분량

🧊 냉장 시 7일

물 3kg, 흑설탕 150g, 계피 60g, 생강 80g, 대추 10개, 곶감 3개, 호두 6개

How to make

01 물에 깨끗하게 씻은 계피, 편 썬 생강, 대추를 넣고 센 불에서 가열하다가 물이 끓으면 중불로 줄이고 30분간 끓입니다.

02 흑설탕을 넣고 2~3분간 더 끓이고 불을 끕니다.

03 면포에 계피, 생강, 대추를 걸러 줍니다.

04 손질한 곶감에 호두를 넣고 곶감말이를 만들어 수정과와 함께 즐깁니다.

- 호두곶감말이 만드는 법은 호두곶감말이(p. 88) 레시피를 참고해 주세요.
- 계피를 씻을 때는 세척솔로 문질러 닦고 흐르는 물에 여러 번 헹구어 이물질을 제거합니다.
- 생강을 따로 끓여 계피, 대추를 끓인 물에 합쳐 주면 각 재료의 향이 살아 더욱 깊은 맛의 수정과를 만들 수 있습니다.

62 음청류
보리수단

Recipe  3그릇 분량

냉장 시 3일

오미자물(건오미자 50g, 물 600g), 보리 20g, 녹두전분(청포묵가루) 120g, 꿀 적당량

How to make

01 오미자는 깨끗이 씻어 찬물을 넣고 하룻밤 우린 후 면포에 걸러 오미자물을 만듭니다.

02 보리를 깨끗이 씻어 20분간 끓인 후 찬물에 헹굽니다.

03 보리의 물기를 뺀 후 전분을 묻히고 덧가루는 털어 냅니다.

04 끓는 물에 전분을 묻힌 보리를 넣고 3분간 삶은 후 찬물에 담가 줍니다. 3~4의 과정을 세 번 반복한 후 오미자물에 넣고 꿀을 섞어 마십니다.

• 녹두전분 대신 감자전분 등 다른 전분을 사용해도 됩니다.

63 음청류
창면

Recipe

 3그릇 분량

냉장 시 1일

오미자물(건오미자 50g, 물 500g),
녹두물(녹두전분 50g, 물 100g), 소금 약간, 꿀 적당량

How to make

01 녹두전분을 물에 개어 체에 내립니다.

02 녹두물을 스테인리스 접시에 2~3푼 정도 얇게 담아 줍니다.

03 끓는 물에 접시를 올려 익히다가 색이 투명해지면 접시 안에 끓는 물을 넣고 완전히 익혀 줍니다.

04 접시를 찬물에 잠시 담가 열을 식힌 후 녹두면을 떼어 내 적당한 크기로 썰어 꿀, 소금을 넣은 오미자물에 담아 먹습니다.

- 오미자는 깨끗이 씻어 찬물을 넣고 하룻밤 우린 후 면포에 걸러 오미자물을 만듭니다.
- 녹두전분은 앙금이 잘 가라앉으니 접시에 담기 전에 다시 한 번 잘 섞어 넣어 주세요.
- 접시에 담긴 전분물이 한쪽으로 치우치면 고르게 익지 않으니 끓는 물에 올릴 때 치우치지 않도록 조심합니다.

64 음청류
오미갈수

Recipe 🍶 10잔 분량
📦 냉장 시 3일

오미자물(건오미자 50g, 물 500g),
녹두즙(녹두 60g, 물 150g), 꿀 150g

How to make

01 오미자는 깨끗이 씻어 찬물을 넣고 하룻밤 우린 후 면포에 걸러 오미자물을 만듭니다.

02 불린 녹두에 물을 넣고 믹서에 간 후 면포에 걸러 녹두즙을 만듭니다.

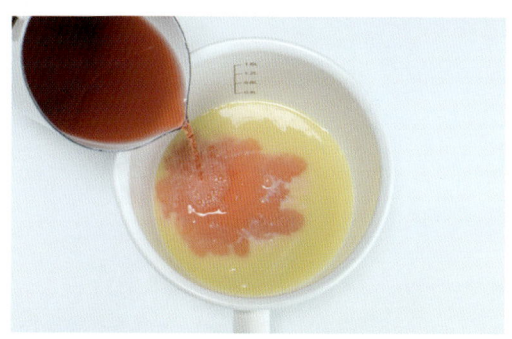

03 녹두즙에 오미자물을 넣고 끓입니다.

04 끓어오르면 약불로 줄이고 30분 정도 달입니다. 걸쭉해지면 꿀을 섞은 후 불을 끄고 식혀 두었다가 찬물에 타서 마십니다.

- 녹두는 6시간 이상 충분히 불려 줍니다. 껍질을 벗기지 않은 녹두를 사용하는 경우 물에 불려 두었다가 껍질을 벗겨 믹서에 갈아 주세요.
- 거품은 걷어 내고, 눌어붙지 않도록 저어 가며 끓여 주세요.

65 음청류
포도갈수

Recipe 5잔 분량

냉장 시 7일

포도 500g, 물 500g, 설탕 100g

도구 세척용 식초

How to make

01 포도를 식초물에 담가 두었다가 흐르는 물에 헹굽니다.

02 냄비에 포도, 물, 설탕을 넣고 끓입니다.

03 포도가 익으면서 껍질이 분리되면 불을 끄고 체에 거릅니다.

04 용기에 담아 냉장 보관해 두었다가 물에 1:1 비율로 타서 마십니다.

- 넘치지 않도록 저어 가며 끓여 주세요.
- 체에 내려가지 않는 것들은 식힌 후 면포에 넣고 짜 줍니다.

66 음청류
배숙

Recipe 🍽 4그릇 분량

🧊 냉장 시 3일

배 1개, 물 1.5kg, 생강 50g, 흑설탕 20g, 백설탕 60g, 통후추 36개

도구 세척용 식초

How to make

01 냄비에 물과 편 썬 생강을 넣고 중불에서 20분간 끓입니다.

02 배를 12조각으로 나누어 껍질과 씨를 제거하고 모서리 부분을 깎아 줍니다.

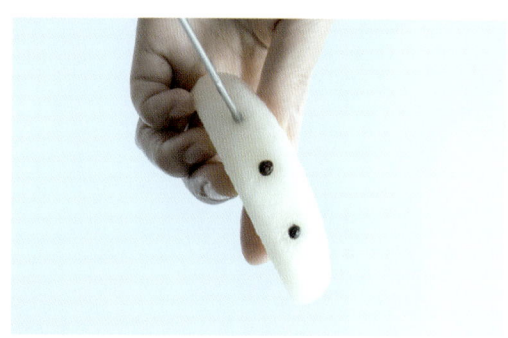

03 젓가락으로 구멍을 낸 후 통후추를 3개씩 박아 줍니다.

04 생강을 건져 낸 후 백설탕, 흑설탕, 통후추를 박은 배를 넣고 약불에서 10분간 (배가 투명해질 때까지) 끓입니다.

- 배의 모서리 부분을 다듬어야 끓일 때 모서리가 부딪치면서 마모되지 않아 매끈한 모양을 유지하고 맑은 국물을 낼 수 있습니다.
- 끓일 때 후추가 잘 빠지니 배에 깊숙하게 박아 넣어 주세요.
- 먹을 때 잣을 띄워 먹으면 좋습니다.

67 음청류

봉수탕

Recipe

 5~7잔 분량

 냉장 시 3개월

호두 100g, 잣 50g, 꿀 80g

How to make

01 호두를 뜨거운 물에 불립니다.

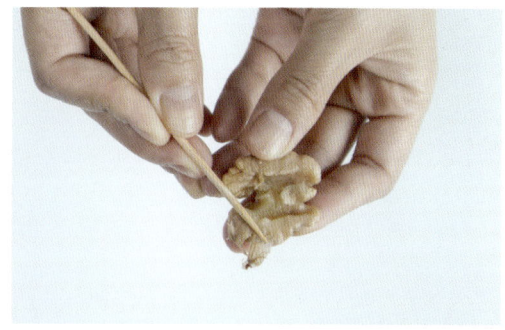

02 뾰족한 꼬치 등을 이용하여 불린 호두의 껍질을 벗긴 후 잘게 다져 줍니다.

03 잣은 고깔을 떼어 내고 곱게 다진 후 키친타월로 기름기를 제거합니다.

04 다진 호두와 잣에 꿀을 넣고 재워 두었다가 뜨거운 물에 2~3스푼 타서 마십니다.

• 호두와 잣을 믹서에 갈아도 되지만 너무 오래 갈면 잣에 기름이 많아 걸쭉해질 수 있으니 주의합니다.

68 음청류

대추탕

Recipe

🧮 20잔 분량

🗄 냉장 시 2주

대추 500g, 물 2.5kg, 설탕 250g

도구 세척용 베이킹소다

How to make

01 베이킹소다를 푼 물에 대추를 담그고 세척솔 등을 이용하여 깨끗하게 씻어 줍니다.

02 압력밥솥에 대추와 물을 넣고 취사 버튼을 누릅니다.

03 푹 익은 대추를 체에 거릅니다.

04 냄비에 대추물과 설탕을 넣고 중약불로 10분 정도 끓이다가 약불로 내리고 40분간 졸여 대추고를 만든 후 뜨거운 물에 타서 마십니다.

· 대추씨가 날카로우니 나무 주걱 등을 이용하여 체에 걸러 줍니다.

69 음청류
사과 생강차

Recipe 20잔 분량

 냉장 시 3개월

사과 300g, 생강 150g, 설탕 450g

`도구` 세척용 베이킹소다

How to make

01 깨끗이 씻은 생강을 수저로 긁어 껍질을 벗깁니다.

02 생강을 잘게 채 썹니다.

03 베이킹소다로 씻은 사과를 먹기 좋은 크기로 나박썰기합니다.

04 유리병에 사과, 생강을 담고 설탕을 켜켜이 넣어 준 후 냉장고에 3일 정도 두었다가 뜨거운 물에 타서 마십니다.

70 음청류
원소병

Recipe

🍯 **5그릇 분량**

📦 실온에서 1일, 냉동 시 1개월

건식 찹쌀가루 75g, 뜨거운 물 적당량, 소금 1g,
청치자가루 소량, 황치자가루 소량, 녹말가루 20g,
대추 20g, 유자청 30g, 계핏가루 1g,
꿀물(물 600g, 꿀 60g, 설탕 20g)

How to make

01 물에 꿀과 설탕을 넣고 끓여 식힙니다.

02 씨를 제거한 대추와 유자청을 다져 계핏가루를 넣고 섞은 후 3g씩 소분합니다.

03 소금을 섞은 찹쌀가루를 3개의 그릇에 나누어 담은 후 뜨거운 물을 조금씩 첨가하며 익반죽합니다. (2개의 그릇에는 각각 청치자가루와 황치자가루 추가)

04 3가지 색의 반죽을 8g씩 소분합니다.

05 소분한 반죽에 1의 대추소를 넣고 동그랗게 둥글립니다.

06 동그랗게 만든 반죽에 녹말가루를 입혀 줍니다.

07 끓는 물에 넣고 삶아 떡이 떠오르면 30초 정도 더 익힌 후 건집니다.

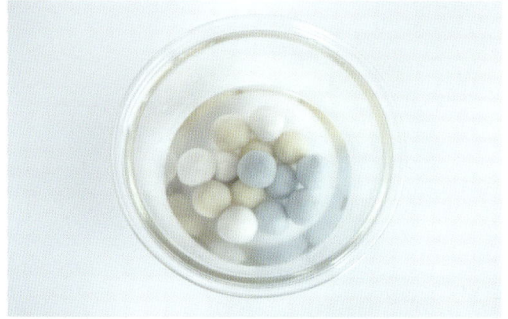

08 찬물에 넣고 잠시 담가 열기를 식힌 후 건져 꿀물에 넣어 먹습니다.

- 반죽이 마르지 않도록 젖은 면포로 덮거나 비닐에 넣어 놓고 작업합니다.
- 떡을 물에 오래 담가 두면 퍼져서 맛이 없으니 먹기 직전에 꿀물에 넣으세요.
- 가능하면 만든 당일에 먹는 것이 좋지만 익반죽한 상태로 냉동 보관해 두었다가 먹을 때 삶아서 사용할 수도 있습니다.